人事はあなたのココを見ている!

フォー・ノーツ株式会社
代表取締役社長
西尾 太 Futoshi Nishio

はじめに

「人事部」「人事部長」「人事担当者」……。みなさんはどのようなイメージを持たれているでしょうか。「よくわからない」「得体がしれない」「何をしているかわからない」「ちょっと怖い」「偉そう」「エリート面《づら》している」などでしょうか。

実はこれらのイメージは、私が人事部門にいたときに社員から実際に「人事ってさあ、なんかさあ……」の後に言われた言葉です。

なかには「人事って文字通り、ひとごと、なんだよねえ」と言われたこともありました。「人事ってさあ、やりたいことをやらせてくれない部署だよね」というのもありました。

さらに、ここ十数年は人事コンサルタントとして、かかわらせていただいている多くの企業の社員の方々に対して、うかがっている質問があります。

「人事って何色に見えますか？」

みなさんはどうでしょう、「人事って何色ですか?」

この問いに対して、ほとんど9割近くの方が、「黒」「灰色」といった「無彩色」をお答えになります。

「情熱の赤」とか「クリーンな青」とか「エコな緑」といった答えはほとんど返ってきません。人事は「黒」とか「灰色」に思われているんです。

もし人事担当者の方がこれを読んでいらっしゃるのならば、「それでいいんですか?」と問いたいです。

私は、社会に出てから30年以上「人事」にたずさわってきました。最初から人事をやりたかったというわけでもなく、最初の「配属ガチャ」によって人事部門に配属され、結局それがその後の私のキャリアになっていくのですが、私の人事部門配属も、会社の「人事」なわけで、それを司っているのが人事部であり、人事担当者なのです。

「人事」は私たちのキャリアやライフに大きく影響するものであることは間違い

ないでしょう。人事部はそのとても重要な機能を司っている部門なのです。

それなのに、社員からどう思われているかというと、冒頭の「なんかさあ……」に続く言葉であり、「黒」か「灰色」というイメージなのです。

要するに「人事部門」は社員に、場合によっては経営者にとっても、「よくわからん」所のようなのです。


もちろん、「人事部」は、守秘性の高い情報を扱う部門でもあり、「すべてオープン」という訳にはいきません。人事部内での情報交換は、部外には知らせてはならないものも多々あります。私もこれまでの経験の中で「墓場まで持っていく情報」をいくつも持っています。

そういう意味では「黒い」し「灰色」だし、「得体が知れない」存在であることは致し方ないのかもしれません。

しかし「人事部」なり「人事担当者」は不要な機能でしょうか。それとも「必要悪」なだけの存在なのでしょうか。私は、「そうでもありません」と答えたいと思っています。

会社内でさまざまな業務がある中で、「人のことをひたすら考えている存在」があってもいいのではないでしょうか。いや、あるべきなのではないでしょうか。

私は「人事」が社員を成長させ、会社の業績を高めた事例を知っています。私自身もそれを経験しています。退職率が高く、社員が不安の中で仕事ができない、という状況や、社員が次々に「この会社にいても先が見えない」「自身が成長できる道筋が見えない」と言って去って行ってしまう状況……。

これを、例えば社員のキャリアステップを明確にし、適切に評価し、それを給与に反映する人事制度を企画して運用する。また「自己申告制度」を導入して社員の異動希望や会社に知っておいて欲しいプライベートの情報を適切にマネジメントし、適材適所を働きかけ実現する。などの人事的施策を展開することによって、劇的に問題が改善していく事例を見てきました。

その結果、社員が成長実感を得て、退職率が大幅に下がりました。よい人を採用できるようにもなりました。そして社員の中から、「人事部に行きたい」という希望者が増えたり、他社で人事として活躍している人材を輩出したりもしています。

人事、捨てたもんじゃないんです。

私は「人事の目的は何だろう」と考えてきました。出した結論は、「会社と社員のベクトルを同一にしていくこと」です。

会社のベクトルは、理念としてのビジョンやミッション、独自の価値観であり、それを基にした経営戦略です。

社員のベクトルは、キャリアビジョンとそこに向かうキャリアプラン、ライフビジョンとそこに向けてのライフプランです。

社員がキャリアビジョンに向かって成長していくことが、会社の理念実現、経営戦略の実現に向かっていく、ということが「会社と社員のベクトルを同一にしていくこと」なのです。「人事部」は、会社が向かうベクトルに向けて、それを一緒に実現しようとし、それとともに成長しようという人を採用し、ベクトルがずれてしまっている人を、会社が目指すベクトルに向いてもらうよう働きかけています。

もちろん、ベクトルがどうしても合わなくなってしまった人とは、適切な「お別れ」をしていくことも人事の機能のひとつです。

この「人事の目的」のために、人事部は日々仕事をしているわけです。もちろん会社で「働く人」あっての人事部です。常に社員がより価値を出せるよう、成長していくように考え活動しています。

本書は、そんな「人事部」や「人事担当者」が、社員の何を見ているのか、を中心に書きました。

「人事のやつら、何を考え、何を見ているんだろう」ということを、知っておいていただくことは「悪くない」ことだと思います。

人事部とうまくつきあっていくことも必要なのではないでしょうか。議論を戦わせることは、人事部もきっと望んでいますが、それをせずにただ単に敵に回してもいいことはないでしょう。

みなさんがキャリアビジョンやライフビジョンを実現していくために、人事がいったい何を見ているのか、ぜひ知っていただきたいと願っています。

併せて、いま人事担当をされている方については、この本は私の「人事」としての考え方を書いたもので、正解というわけではありません。ぜひご自身の仕事を振り返って考えていただくきっかけになれば幸いです。

西尾 太

目次

第3章 人事が考えている社員評価の仕組みを知ろう 95

第5章 「人事目線」を理解して飛躍する方法 189

第1章

人事から評価される人材の条件とは

ココ！

人事を「敵」に回しても何もいいことはない！

「人事の目」を意識していますか？

あなたは、現在の自分の評価やポジション、給与などに満足していますか？

このような悩みはないでしょうか。

「高い業績をあげているのに、会社から評価されない」

「実力と給与が見合わない」

「自分ではなく、○○が昇進するのが納得できない」

私はこれまで１万人以上のビジネスパーソンの昇格面接や管理職研修を行い、４００社以上の企業の評価・給与・育成などの人事全般にたずさわってきました。そして、多くの方々からこのような不満や悩みをうかがってきました。

評価されない、給与が上がらない、昇進できない。これらのケースの場合、その理由はさまざまですが、実は多くの人が気付いていない盲点があります。

それは「人事の目を意識しているか？」ということです。評価、給与、昇進・降格を決めるのは、あなたの上司だけではありません。経営陣だけでもありません。

そこには多くの場合、「人事の目」が大きく影響しています。

人事は、成果や業績だけを見ているわけではありません。勤務態度、日頃の言動、出勤時間、就業規則の遵守《じゅんしゅ》、会社の理念に沿った行動など、その視点は多岐にわたります。それらを経営者や管理職に伝えることが、人事の重要な役割なのです。

あなたが「思うような評価や給与を得られない」「昇進できない」といったことで悩んでいるのなら、「人事的な観点」が抜けていることに原因があるのかもしれません。

人事は経営に近いところにいる

人事担当者や人事部門に対して、「細かいことにうるさい」「面倒くさい」「胡散《うさん》くさい」「秘密を握ってそうで怖い」「何をしているのかわからない」といったイメージを持っている人は多いと思います（本当はそうとは限らないのですが……）。

しかし、たとえそう思っていたとしても、人事とはうまく付き合った方がいいでしょう。媚《こ》びを売る必要なんてありませんが、少なくとも「敵」に回すことだけは避けるべきです。

なぜなら、人事を敵に回しても何もいいことはないからです。

例えば、重要なポジションが空いて、誰かを抜擢《ばってき》する際には、人事がリストをつくります。その際に、たとえ営業成績はトップでも「協調性を欠く」「就業規則を守らない」「部下の育成を行わない」といった社員は、人事では「問題社員」と見なして、リストから外すことがあります。

また、人事は経営に非常に近いポジションにいるため、経営者や役員から「アイツはどうだ？」「コイツはどうなんだ？」と意見を求められる機会が多く、人事の発言は、社員の評価、給与、昇進・降格などに影響します。

そんな人事を敵に回してしまったら、あなたの将来は閉ざされてしまいます。

人事の発言は、あなたの評価に大きく影響する

人事は、採用、配置、任免、昇降格、評価、育成、給与、厚生、労務など、非常に幅広い領域を扱っている部門です。だからこそ「何をしているのかわからない」といった印象を持たれてしまうのでしょう。

ただ、ひと言でいえば、人事とは「人」のことを考えている部門です。

営業や企画が「商品・サービス」について考えているように、経理が「お金」、法務が「法律」について考えているように、人事担当者は「人」のことだけを考えています。

一例を挙げれば、人事は直接、社員の評価はしません。しかし、評価制度を整えたり、適切な評価が行われるように、評価会議を司ったりはしています。

なぜなら、評価を通じて「人」を育てることが人事の重要なミッションだから

です。

例えば、管理職の中には「部下の何をどう評価したらいいんだろう?」と頭を悩ませている人が多く、甘い評価をつける人もいれば、辛い評価をつける人もいます。

そのため、管理職によって部下の評価にはバラつきがあります。

それらの評価が適切かどうかを判断するのも、人事の重要な役割です。甘い評価をつけてきた管理職には、次のような指摘をします。

「部下に『A』の評価をつけるということは、今のままでOKですよ、と伝えることです。そして『B』であれば、よくやっているけれど、もう少し改善してほしいということです。今、あなたの部下に伝えるべきメッセージはどちらでしょうか?」

最終的な評価を下すのは管理職です。しかし、このように「人事の発言」はあなたの評価に大きく影響しているのです。

人事の悪口は、すべて聞かれている

だからこそ、人事の発言は公正であるべきです。好き嫌いで社員を評価したり、処遇を決めるようなことがあってはなりません。

そのため人事担当者の中には、公正性を疑われないように、社員と二人で飲みに行くことを避けたり、他部署の同期と会う場合も会社から離れた場所を選んだりする人もいます。私はそこまでしなくてもいいと思いますけどね。

しかし、人事も人の子です。公正であるべきと自分を戒《いまし》めてはいても、個人的な感情を完全にゼロにすることは難しいと言わざるを得ません。

人事を敵に回さないためには、人事の悪口は避けましょう。部下の評価や社員研修など、人事の施策には面倒くさいと思うことも多いかもしれません。

それに対して真っ向から批判をされたり、意見を戦わせることは人事としても望むところですが、陰で悪く言っていると、信頼できない社員と判断されてしまいます。

人事は、社内の「人」の情報が集まる部門です。誰が誰の悪口を言っているといった情報はもちろん、社内恋愛すらも把握しています。陰で悪口を言っていると、必ず人事の耳に入ります。

ほんの些細なひと言が、あなたのキャリアに大きな影響を与えてしまうことがないとは言えないのです。

本書では、人事の目を通じて、評価や給与を上げる方法、昇進するためのポイントなどを、これから具体的にお伝えしていきます。

人事が「何」を見ているのかを把握することは、あなたのキャリア形成において、とても有益な情報になるはずです。

ココ！

人事のプロから見た、会社で圧倒的に評価を得る社員の特徴

9割の会社では「好き・嫌い」が評価に大きく影響する

私が代表を務めているフォー・ノーツという会社では、さまざまな企業から評価制度の構築や見直しの相談を受けています。

ご依頼を受けてお会いすると、多くの人事の方がため息混じりにこう言います。

「うちは、好き・嫌いで評価していますから……」

給与、昇進、ボーナス、異動、さらには左遷やリストラなど、会社員の人生はすべて「評価」によって決まります。

評価が高ければ、給与が上がり、昇進し、ボーナスも上がる。評価が低ければ、給与は上がらず、昇進もできず、リストラもあり得る。

ビジネスパーソンにとって本来「評価」は極めて重要なものです。

にもかかわらず、**何をすれば評価が上がり、評価が下がるのか。ほとんどの会社では、その基準を明らかにしていません。**

総務省と経済産業省の発表によると、日本には現在約385万の企業がありま す（https://www.stat.go.jp/data/e-census/2016/index.html）。

しかし、具体的かつ明確な「評価基準」を示している会社は、全体の1割程度。先進的な上場企業でようやく3分の1。それが私の実感です。

つまり9割近くの会社では、いまだに「好き・嫌い」を含む上司の個人的な主観によって社員の評価が行われているのが、日本の企業の実情なのです。

たとえ評価制度がきちんと整った企業であっても、評価するのが同じ人間である以上、上司の「主観的な思い」が評価に反映されることは避けられません。

また、直属の上司が客観的に評価したとしても、経営者の「鶴のひと声」によって、その評価が変わってしまうことも少なくありません。

評価や給与を上げたい、昇進したい、そう考えるなら、まずはこの現実を受け止め、自衛策を講じる必要があります。

経営者が特に嫌うのは「評論家タイプ」

私はこれまで1万人以上の採用面接、昇格面接や管理職研修にたずさわり、評価会議などを通じて多くの経営者と接してきました。

社員を評価する上司の「好き・嫌い」は人によって異なりますが、経営者の「好き・嫌い」には、実は共通する傾向があります。

ほとんどの経営者が嫌っている社員のナンバーワン、それは「評論家タイプ」です。

評論家タイプとは、口が達者で、偉そうなことは言うものの、自分では何も行動しない社員です。彼らは、会社や組織、上司や部下、商品やサービスなどの問題点を、鋭く論理的に指摘したりします。

しかし、「だったらオマエがやれ！」と言われると、○○部が担当すべきでしょう」「○○さんの役割でしょう」などと責任を取ることを避けようとしたり、それができないと、今度は「できない理由」を並べ立てて、決して自分でやろうとはしません。

こうした社員は、その名の通り「評論家タイプ」と呼ばれており、経営者からは特に毛嫌いされています。

また、こうした評論家タイプは、上司からは高い評価を得たとしても、経営者の判断で「低評価」に変わってしまうことが少なくありません。

一流大学を卒業し、ＭＢＡを取得している超エリートであっても、「評論家タイプ」には厳しい評価が下されます。

評価とは、「成果」と「行動」によって判断されるもの。どんなに立派なことを言っても、「行動」に移さなければ、評価はされないのです。

言い訳ばかりする「タラレバ社員」も要注意

「もっと営業が頑張っていたら、絶対に売れていたのに」

「時期さえ早ければ、この企画は成功していた」

「もっと人が足りていたら、こんな結果にはならなかった」

このように「〇〇していたら」と仮定の話を持ち出して、失敗の言い訳をする**「タラレバ社員」も、ほとんどの経営者が嫌っているタイプの代表格です。**

「もっとスケジュールに余裕があったら……」
「もっと予算があったら……」
「もっと設備が整っていたら……」

仕事をしていれば、そう言いたくなる場面はあるものです。しかし、そうしたタラレバ発言はＮＧです。

「そんな条件、整うわけがないだろう！」

多くの経営者がそう叫んで、怒りを露《あら》わにする場面を私は何度も見てきました。
仕事に「タラレバ」はありません。今ある状況で何とかするのが、高い評価を得ている人たちなのです。

「性格」は変えられなくても「行動」は変えられる

では逆に、経営者に好まれるのはどんなタイプなのでしょうか？　実はこれも、ほぼ共通しています。

ほとんどの経営者が求めているのは、「明るく・元気で・素直な人」です。明るい人の多くは楽観的で、物事をポジティブにとらえます。リスクを考えるよりも、行動することに意義を感じます。元気な人は、エネルギーの総量が多く、ストレス耐性も高い。不確定な状況でも、前に進める強さを持っています。素直な人は、周囲の意見に耳を傾け、他者の教えを謙虚に受け入れます。改善すべき点があれば、すぐに行動に反映させます。

経営者に限らず、各社の人事に「求める人材像」について尋ねると、どの企業からもほぼ同じ回答が返ってきます。

つまり「明るく・元気で・素直な人」が、最も高く評価されるタイプなのです。

もちろんそれだけではなく、実際の評価の項目は多岐にわたりますが、すべてのベースはここにあると考えても間違いはなさそうです。

とはいえ「そんなこと言われても……」と思う人も多いのではないでしょうか。

たしかに「明るく・元気で・素直」は、その人の性格に起因するものです。ましてや人の性格は、先天的な要素もあり、簡単に変えることは難しい部分もあります。

しかし、「性格」を変える必要はないのです。「行動」を変えればいいのです。

もしあなたに「評論家タイプ」の傾向があるなら、口だけではなく、考えたことを実行に移す。

言い訳しやすいタイプなのだったら、「○○していたら」という「タラレバ発言」は禁句にする。

「明るく・元気で・素直」な性格でなくても、ポジティブな発言を心掛け、積極的に行動し、人の意見に耳を傾ける。

人の内面は、見えません。**評価の対象となるのは、数値化できる「成果」と、可視化できる「行動」のみです。**

たとえ心の中では違うことを思っていたとしても、「明るく・元気で・素直」に見える「行動」を取っていれば、評価は上がります。

この逆は、他の評価項目が仮に良好でも、あなたの評価の足を大きく引っ張ってしまうのです。

どの企業も**社員に求めているのは、成長と変化**です。人事は、面接や適性検査などを通じて、実は社員の性格すらも把握しています。

だからこそ「成長や変化」もきちんと見ています。

自身の「行動」を変えて、成長・変化が認められる社員は、評価も、給与も高くなり、昇進できます。


会社は何を求めているのか。どんな社員が評価されるのか。正しく認識してあなた自身の「行動」を変えていきましょう。

ココ！

離職率が高い部署の上司が、必ずしも「ダメ管理職」とは限らない理由

ダメな社員が辞めるなら、会社にとってはいい上司

ビジネスパーソンにとって、大きな悩みのひとつが「上司」です。ダメな上司の部下になってしまい、悩んでいる人も多いことでしょう。

私も先日、このような相談を受けました。

「うちの部署は離職率が高い。上司がダメ管理職なので困っています」

人材育成は、管理職の重要な役割。上司が本当にダメな管理職だったら、然《しか》るべき対処が必要です。ただ、その前に知っておいてほしいことがあります。**離職率の高い部署の上司が、必ずしもダメな管理職とは限りません。問題はどんな人が辞めているのか。ダメな社員が辞めているのなら、それはよい管理職なのです。**

世の中全般で「離職率が高い＝悪い」「離職率が低い＝よい」といった認識が一般的になっていますが、一概にそうとは言えません。

たとえば、離職率の低い会社は「いい会社」と思われがちですが、働かない社員でも自動的に給与が上がる、ぬるま湯のような会社なのかもしれません。

こういう会社では、若手がいくら頑張っても評価されず、給与も上がらなかったりします。

逆に、離職率の高い会社は「ブラック企業」のようなイメージがありますが、成長意欲の高い社員が多く集まり、適切な新陳代謝が行われている場合もあります。

これは管理職にしても同じです。**部下の評価を適切に行う上司だからこそ離職率が高く、適当な評価しかしない上司だからこそ離職率が低い場合もあります。**離職率の高低だけで、管理職としての優劣を判断することはできないのです。

成績上位者、中位者、下位者といた場合に、下位者から辞めているとしたら、会社にとってこれほどよい管理職はいません。問題のある社員にちゃんと課題をフィードバックし、自ら別の道を考える機会を与えて円満退社に導いているのなら、人事としてもこんなにありがたいことはありません。

しかし、会社にとって「辞めてほしくない社員」が次々に辞めているのなら、それはやはり大問題です。そういう上司は、たしかにダメな管理職でしょう。

ダメな管理職にありがちな2つのタイプ

有望な社員を辞めさせてしまうダメ管理職には、大きく分けて2つのタイプがあります。

ひとつは、パワハラ上司。これは、仕事ができない人とは限りません。むしろ仕事ができる上司が「なんでこんなことができないんだ!」と部下を一方的に叱責するなどして、過度なプレッシャーをかけて社員が辞めてしまうケースが多くあります。

名プレイヤーが名コーチになれるとは限りません。上司自身は仕事ができても部下のフォローができず、部署全体が疲弊し、部下がうつ状態になって辞めてしまう。こういうタイプは、たしかにダメな管理職といっていいでしょう。

もうひとつは、それとは真逆の、仕事ができない上司です。仕事が遅い、決断ができない、案件を通してこない、上ばかり見ている、部下がミスをしてもフォローしない……。

こうした仕事ができない上司の場合は、優秀な部下ほど「やってられない！」と自ら会社を去ってしまいます。これは年功だけで出世できる会社に多く見られる傾向ですが、こういう上司もダメな管理職といっていいでしょう。

このような管理職の情報は、人事も常に把握するように努めています。たとえば、自己申告制度を行っている会社では、異動希望率が極端に高い部署があったりすれば、「ああ、あの人のところね」とすぐにわかります。

そして、有望な社員が次々に辞めてしまう原因が上司にあることが、ほぼ客観的に確認できたら、その上長もしくは経営者に客観的事実を伝え、「このままにしておいていいのでしょうか」「異動をさせた方がいいのでは?」と伝え、異動や降職を検討するよう働きかけをすることになります。

もしあなた自身が上司なら、ダメ管理職になっていないか、自分の行動を振り返ってみてください。有望な部下が何人も辞めているようだったら要注意です。

30代になったら、ダメな上司でも使いこなす

会社員は、上司を選ぶことができません。残念ながらダメな上司に当たってしまうこともあるでしょう。

しかし上司に使われているうちは、ビジネスパーソンとして一人前とはいえません。30代になったら、**上司をうまく使うことも大切です。**

本来、上司ほど便利なものはありません。なぜなら、仕事を教えてくれます。「これやっていいですか？」と事前に許可さえ取れば、自分の代わりに責任を取ってくれます。ミスをしても一緒に謝りに行ってくれます。自分の仕事を評価してくれたり、「がんばれよ！」と励ましたりしてくれます。しかも、すべてタダなのです。

こんなに便利な存在がほかにあるでしょうか？

馬鹿と鋏《はさみ》は使いようといいますが、ダメな上司も使いようです。上司に恵まれなかったら、上司をうまく使うことを考えましょう。

ただ、そうはいっても使いようもないダメな上司もいるものです。仕事を教えてくれない、責任を取ってくれない、ミスをしたら「お前ひとりで謝りに行け」と命令する、ちゃんと評価してくれない、励ましてもくれない、上ばかり見て下の面倒を見ない……。

そんな上司だったら、悩む必要はありません。人事に相談しましょう。あなたが一定の評価を受けていれば、人事はきちんと話を聞いてくれるはずです。

本当にダメな管理職は、人事が覚悟を持って刺しに行く

人事に報告するときは、事実を冷静に伝えることが大事なポイントです。「あ

の人はダメなんですよ！」と感情的に伝えるだけでは、人事は動きません。「こういうことがありました」「誰々はこう言っています」「○○さんが病んでしまい悩んでいます」といった客観的な事実を報告するようにしましょう。

人事の基本として「現場の声を聞き、仮説として受け止め、検証しよう」という考え方があります。

これは何かというと、社員の話を聞くことは大切だけれど、すべてを真に受けてはいけない、聞いた話はいったん仮説として受け止め、それが本当かどうかを精査し、事実がある程度確認できてから、アクションを起こす、というものです。

人事において何より大切なのは、公正であることです。人事の判断は、社員の一生を左右してしまうかもしれません。

だからこそ、一方の意見だけを鵜呑《うの》みにして動くわけにはいかないのです。

調査を行い、事実が確認できれば、人事は行動を起こします。本人と直《じか》に話す、上長に相談する、経営者に伝えるなど、状況によって方法はさまざまですが、問題のある管理職に対しては異動を促したり、管理職を降りていただくなどの措置をとっていきます。

ただし、人事も命懸けです。訴えを起こされた管理職が社長のお気に入りだったり、強い派閥の人間だったりした場合には、返り血を浴びるかもしれません。

それでも覚悟を持って刺しに行きます。

なぜなら、それが人事の仕事だからです。相手が誰であろうと「ダメなことはダメ」と、はっきり告げる勇気を持つ。一生懸命頑張っている社員を支援する。それを阻害する人がいたら戦う。人事とは、そういう仕事です。

懸命に働く社員を阻害するようなダメな上司だったら、人事に相談してください。それが真摯《しんし》な訴えであれば、必ず行動を起こしてくれるはずです。

ココ！

「人材育成」が上手な人と下手な人の決定的な違い！

マネージャーに求められているのは「人を育てること」

あなたは、人を育てることが得意ですか？

マネージャーなら、または今後マネージャーを目指すなら、人材育成は必ず求められるスキルです。その上手・下手によって評価が決まり、今後のキャリアにも大きく影響してきます。

ということで、ここでは「人材育成の大事なポイント」についてお伝えします。

マネージャーに求められるものは、大きく分けて2つあります。ひとつは、チームのPDCAを回す「タスクマネジメント」。

もうひとつは、人を育てる「ヒューマンマネジメント」です。

マネージャーとは、小単位の組織を率いる、あるいは自己の専門性を活かしながら、周囲を巻き込むレイヤー（階層）です。

否応《いやおう》なく「自分ひとり」では済まされません。周囲への影響力を発揮しながら、成果に責任を持てるレベルであらゆる判断ができなければ、任せてもらえません。

昨今、特に求められているのは、ヒューマンマネジメントのスキルです。少子化による採用難、リモートワークによるコミュニケーションのあり方の変化などによって「1 on 1」の導入が推奨されるなど、先進的な企業ほど人材育成に力を入れています。

若手が辞めないよう積極的に寄り添い、悩みを聞き、コミュニケーションを深め、能力を最大限に引き出す。

マネージャーには、今こうしたスキルが強く求められています。「そんなことをしている時間はない」と口にする管理職も少なくありませんが、それではマネージャー失格です。

人事の立場からすると、そういう人は管理職から外れてもらうしかありません。

とはいえ、人材育成は非常に難しいスキルであるのも事実です。そして「仕事ができる人」ほど、実は苦手な傾向があります。

育成上手と育成下手を分けるのは「人への関心度合い」

人事評価を決める評価会議などに立ち会っていると、育成上手な人と育成下手な人は、見ていてはっきりわかります。

その違いとは、「人への関心度合い」の高さです。

育成上手な人ほど、部下の評価に悩んでいます。「なんであいつはこんなことをするんだろう?」「なんでこんなことを言うんだろう?」「どう伝えたらいいんだろう?」と、一人ひとりについて考え、その理由を分析し、悩み、そしてフィードバックの内容を考えたうえで、本人に伝えています。

一方、育成下手な人は、そもそも部下に関心がありません。

極端な例としては、部下の人事評価がすべて同じ「A」だったりします。「可もなく不可もなく!」という評価です。これ、実は最悪です。

どう考えても、チーム全員が同じ評価なんてことはあり得ません。しかし、ある部下を本当はBと評価していても、その理由を考え本人に伝えるのは面倒なので「それなら全員Aでいい」と、いい加減な評価をつけてしまったりするのです。

それでは、部下は自分の改善点に気づくことができず、成長できません。

まずは、部下に興味関心を持つ。そして、3～4年先までのキャリアビジョンやライフビジョンを一緒に考えて、どう実現するのか話し合い、能力を伸ばす方法を考える。

人事評価も適切に行い、伸ばすべき点と改善すべき点を明らかにし、一人ひとりに対して、丁寧にフィードバックする。

マネージャーに必要なのは、こうした行動です。中でも特に大切なのは、「部下が目指すもの」を明らかにすることです。

目指していないことに対して、あれこれ言っても部下の頭には入りません。そして、当然ながら部下も能力を伸ばそうとは思いません。

「3年後、5年後には、こうなっていようぜ！」という目標を上司と部下で共有し、本人がわからない場合は、一緒に考える。

その目標に向かって「ここはできてるね」「ここは足りないね」と、アドバイスを続けていく。これが人材育成の基本です。

ただ、こうしたプロセスをきちんと踏んで、人を育てていくのは、簡単なことではありません。手間も時間もかかります。

だからこそ、人への関心度合いが重要になってくるのです。

要注意！　仕事ができる人ほど、育成下手になりがち

仕事ができる人が、人材育成も得意かというと、実はそんなことはなく、むしろ苦手な人が多く見られます。仕事ができる人は、できないことが信じられません。

できない人の気持ちもわからないため、「なんでできないの？」などと言いがちです。

しかし、これは人材育成におけるＮＧワード。できる方法を一緒に考えるのが、

マネージャーの仕事です。

また、教えるよりも、自分でやったほうが手っ取り早いため、部下がやるべき仕事を奪ってしまい、成長の機会損失をさせてしまうケースも少なくありません。マネージャーに昇格するのは、エースで四番が多いため、こうした矛盾が生じやすいのです。

日本では、ほとんどの管理職がプレイングマネージャーです。自分の成績もあげながら、部下も育てるというのは無茶な注文ではありますが、マネージャーである以上、育成上手も目指さなくてはなりません。

自分ができることを、どう分解し、どう論理立てて教えられるようになれるかが、プレイヤーからマネージャーになるときの大きな壁になります。

まずは、部下に興味関心を持つこと。そして、ティーチングとコーチングを使い分けることを意識していきましょう。

ティーチングとコーチングをうまく使い分けよう

「ティーチング」とは、答えを教えてやってみさせること。
「コーチング」とは、相手から答えを引き出すことです。

部下を育てるためには「こうやるんだよ」と答えを教えることも大切ですが、「どうしたらいいと思う？」と自分で考えさせることも重要です。

人材育成が苦手な人は、ティーチングはできても、コーチングができなかったりします。特に仕事ができる人ほど、部下に自分で考えさせることが不得意だったりします。

自分にとってはわかりきった答えでも、そこを我慢して、「どうしたらいいと思う？」と考えさせる。

部下が間違ったことを言ったときでも、「こうやってやればいいじゃん」とすぐに正解を教えない。

「もっといい方法があるんじゃないかな？」
「そもそも、この目的って何だっけ？」

そんな風に声をかけながら、最低限の軌道修正だけをして、本人に考えさせていくことが大切です。

ティーチングもコーチングも、多くの専門書が出ています。マネージャーは、答えの教え方も、引き出し方のスキルも必要です。

こうした勉強は、一度きちんとしておいたほうがいいでしょう。

そのうえで、仕事ができる「かっこいい姿」を見せましょう。上司が「ああなりたい」と思える人でなかったら、部下は成長する気になれません。

いつもツラそうで、しかめっ面をして、グチを言っているだけの管理職だったら、コーチングをしても、うっとうしいだけです。

余裕がなくても、余裕があるように見せる。

どんなに忙しくも、部下の話を聞く時間をちゃんとつくる。

楽しそうに、かっこよく仕事をしている姿を見せるだけでも、部下の育成につながります。

ただし「背中を見て育て」だけでは通用しないのが、今の世の中です。ティーチングとコーチングを使い分け、育成上手を目指しましょう。

それが、自身の成長や評価にもつながります。

ココ！

今後のビジネスで「T型人材」が生き残る理由

今後目指すべきは「T型人材」

世の中の先行きが見えません。雇用に不安を感じている人は、6割を超えているといいます。私たちは、今後どのような働き方を目指せばいいのでしょうか？

これまで日本で求められてきた人材像は、大きく分けると2つとされてきました。ゼネラリスト「一《いち》型人材」とスペシャリスト「I《アイ》型人材」です。

ゼネラリストとは、ビジネスにおける幅広い知識やスキル、経験を有する人材。どんな部署でも活躍できる総合職、いわゆる「何でも屋さん」です。

スペシャリストとは、特定領域に特化した知識やスキル、経験を有する専門職。一芸に秀でた「○○屋さん」といえる働き方です。


しかし、このどちらか一方だけでは生き抜いていくのは難しい時代になってきました。ゼネラリストに強く求められるのはマネジメント力ですが、それだけでは他者との差別化はできません。

出世を目指すにしても、転職もしくは独立・起業を目指すにしても、何らかの「強み」を明確にすることが必要です。

スペシャリストにしても、「それしかできない」という状態は危険です。組織の中で、自身の専門性に常にニーズがあるとは限りません。

独立・起業をする場合も、そのスペシャリティ以外に、営業や経理などのスキルが必要になります。

今後目指すべきは、「一型」と「I型」の両方を併せ持った「T型人材」です。

あなたは「何屋さん」ですか？

総合力が求められるゼネラリストであっても、自分の強みを見極め、専門性を磨いていくことは極めて重要です。

「何でも屋さん」では、ただの便利屋さんで終わってしまう可能性が高く、組織のトップに立つことは難しいでしょう。

ラーメン店にたとえるなら、「何でもできます」というお店より、「担々麺専門店」など、メニューを絞っているほうが成功しそうな気がしませんか？

人材も一緒です。

「営業屋さん」なのか「経理屋さん」なのか「人事屋さん」なのか、自分は「何屋さん」なのかを明確にする。
「自分の強み＝専門性」をアピールすることが、自身の市場価値を高め、出世はもちろん、転職や起業・独立で成功する近道です。

一方、専門性を持ったスペシャリストであっても、そのスキルだけで生き延びていくのは困難です。どんなに美味しい「担々麺」をつくれても、それだけで成功するわけではありません。

部下を持てば、マネジメント力が必要になります。独立・起業するなら、マーケティングや経理のスキルも不可欠です。お客様とのコミュニケーション力も大切です。

どんな職種においても、営業力や交渉力、計数管理、人的ネットワークなど、いわゆるマネジメント力やコミュニケーション力と呼ばれるスキルを持っていないと出世することは難しく、転職や独立・起業をしても成功は難しいでしょう。

ビジネスにおける一定の知見と高い専門性を持っている。それが「T型」と呼ばれる人材像です。

「専門性＝資格」という短絡的な発想はＮＧ

では、ゼネラリストで専門性を身につけるには、どうしたらいいのでしょうか？　大切なのは、「専門性＝資格」という短絡的な発想をしないことです。

「資格を取れば、将来は安泰」

雇用に不安を感じると、人はこうした発想に陥りがちですが、それはとても危険な考え方です。

たとえば、人事の仕事をしながら「社会保険労務士」の資格を取得するなら、たしかにキャリアアップにつながるかもしれません。

けれど、営業職の人が将来に不安を感じ「社会保険労務士」の資格をとって転職しようとしても、成功する確率は限りなく低いです。

人事というのは、法規の知識だけあれば、できる仕事ではありません。さまざまな要請や事情を鑑《かんが》みながら、最善の道を探る仕事なのです。そのためには、豊かな社会経験や幅広い知見が必要です。

経理にしても、簿記や公認会計士の資格を持っているだけでは務まりません。これはどんな職種においても同じでしょう。

建築士や薬剤師など、仕事をするために必要不可欠なケースは別として、資格を取れば、その職業で成功し、将来が安定するわけではないのです。（とはいえ建築士や薬剤師が、やはり資格だけで仕事できるわけではありませんね）。

逆に資格を持っていなくても、専門分野で活躍している人は大勢います。資格を取ることが悪いわけではありませんが、勉強する時間や金銭的コストに見合った価値があるのか、慎重に検討したほうがよいでしょう。

専門性とは、現在の仕事の延長線上にあるもの

私が「専門性」と呼んでいるのは、現在の仕事の延長線上にあるものです。そうしたスキルであれば、毎日の仕事の中で磨いていけます。

経理であれば、「数字に強い」という長所を磨き、マネジメント力も高めれば、ＣＦＯ（最高財務責任者）という道があります。

技術者であれば、専門技術にプラスして、幅広い知見を獲得していけば、ＣＴＯ（最高技術責任者）という道があります。

また営業力を磨き、「営業のプロ」としての発信力も高め、講演や著作活動で自身の価値を高めている人も多くいます。

さらに、２つの専門性を併せ持つ「Π《パイ》型人材」になれれば、あなたの市場価値は何倍にも大きくなります。

人事の分野でも「人事」と「映像」という２つの専門性を掛け合わせ、リク

ルーティング動画をつくり、業績を大きく伸ばしている人もいます。
先の見えない不安定な世の中を生き抜くためには、こうしたキャリアビジョンを描いて、自分自身に「安定」を持たせていくことが重要です。

自分は「何屋さん」なのかを定義すること、足りない部分を補っていくことが、その出発点となります。

自分の武器になるものは何か？
どこでも通用するマネジメント力はあるのか？

まずは、この2つを意識して、専門性と総合力を併せ持った「T型人材」を目指しましょう。

第2章

人事は社員のどこを見て評価しているのか

ココ！

ナメた態度で「会社の社員研修」に臨んだ社員が、人事に最低のレッテルを貼られてしまう理由

「こんな研修、意味あるの？」

新人研修、階層別研修、ビジネススキル研修、コミュニケーション研修、プレゼンテーション研修、管理職研修、問題解決研修、ハラスメント研修……。

会社にはさまざまな社員研修があります。

その一方、20代の多くが「研修なんて時間の無駄」と考えているという話もあり、30代以上の管理職でも「研修って必要なの？」「役に立たない」と口にされる方も少なくありません。

たしかに、時間とお金をかけて社員研修を行っても、成果に乏しく、覚えているのは食事とお風呂だけ。そんなケースが多いのも事実です。

（研修担当の方々には、「研修の食事は大切です。研修がうまくいくかどうかを左右しますよ！」と伝えています）

ひと昔前と違って、今はビジネスパーソンが学ぶための環境が変わりました。社員研修以外にも、必要なスキルや知識を学ぶ手段はたくさんあります。

実用性の高いビジネス書が数多く出版され、ＷＥＢにもニーズに応じた無数の記事があります。

「ｅラーニング」などのインターネットを利用した学習方法も充実しています。

会社の枠を超えて豊かな学びや出会いができる勉強会やオンラインサロンなども多数あり、Ｚｏｏｍで参加したり、スマホの動画で簡単に学ぶこともできます。

忙しい時間を割いて、わざわざ会社の研修に参加する意味があるのか？　そう考える人が増えているのも、当然なのかもしれません。

しかし、**人事の立場から助言させていただくと、たとえ意味がないと思った研修であっても、誠実な態度で、真摯に受講するべきです。**

なぜなら、研修における態度も、「評価」の対象になっているからです。

評価や給与が上がらない人の盲点

「高い業績をあげているのに、評価が上がらない。給与が上がらない。昇進できない」

こうした不満や悩みを持っている人は、自分では気がついていない意外な盲点があるものです。その代表的な盲点のひとつが、「社員研修における態度」です。

社員研修を行うと、どうせ研修を受けるのなら時間を有意義に使ってきちんと学ぼうとする社員と、「こんな研修、時間の無駄だよ」「そんなことしているヒマないのに」と、あからさまに斜《はす》に構えた態度をとる社員と、大きく２つのタイプに分かれます。

特にグループディスカッションをするような場面では、前向きに取り組んでいる社員と、そうではない社員はすぐにわかります。そして「あの人、困るよね」と人事の間で話題になります。

社員の評価は、業績だけで決まるわけではありません。ほとんどの会社では、「成果」と「行動」によって判断されます。

社員の評価を決める「評価会議」では、研修における「行動」も議題にあがります。社員研修の態度に「難あり」と判断された場合は、「行動」の評価が低くなり、たとえ「成果」の評価が高くても、総合評価が低くなります。

・研修に遅刻する
・研修中もパソコンを見ている（禁止しますが）

・スマホを持って途中で出ていく
・休憩時間が終わっても戻ってこない
・アポを理由に退出する
・そもそも来ない

こうした態度は、「あれはないよね」と管理職の間でも不評を買い、その社員の「行動」には「低評価」が下されます。

研修自体のあり方も見直す必要はあるものの……

もちろん、企業の側も、社員研修のあり方を見直す必要はあるでしょう。ある会社では、社長と人事部長でこんなやりとりがありました。

「おい、今期から社員の教育に力を入れるぞ。研修だ、研修をしよう」

「わかりました。社長、何の教育をするんですか?」

「ん?　とにかく教育だ」

「いや、ですから何の教育をするんですか？」
「だから、教育だって言っているだろう！」
「……、わかりました。では何の教育が必要なのか考える研修をしましょう」

社員の成長を促すために社員研修を行う。それ自体はたいへん素晴らしいことです。世の中には、研修や教育の会社が多数あり、いい研修もたくさんあります。ところが多くの会社では、いい研修を行っても効果が持続しません。なぜなら、目的が曖昧《あいまい》だからです。

研修を行う際には、まず評価基準やキャリアステップを明確にすることが重要です。社員に会社が求めていることが明らかになっていない状態で研修を行っても、目的がわからなければ、社員のモチベーションは上がりません。若い世代が「時間の無駄」と考えてしまうのも、やむを得ない面があるのです。

人事評価の重要な指標となる、ビジネスで求められる必要不可欠な行動や考え方は、「コンピテンシー」と呼ばれています。これは階層や等級によって異なります。

例えば、新人クラスのコンピテンシーは、ルール遵守、マナー意識、チームワーク、共感力など、ビジネスパーソンとして最低限必要となるヒューマンスキルが中心。

チーフクラスに昇進すると、プレゼンを効果的に行うスキルや、メンバーのモチベーションを上げるための動機づけや目標達成力など、より実践的なスキルがコンピテンシーとなります。

社員研修を行うのなら、このように階層ごとに必要とされるスキルを特定してから、そのスキル獲得のための学習内容を検討すべきでしょう。

そうすれば、社員にとってのメリットが明らかになり、評価や給与を上げ、昇進するための道しるべにもなるはずです。

ちなみに、前述の「何の教育が必要なのかを考える研修」は笑えない話ですが、実は成功したのです。

というのも、社員自ら必要な教育を考える機会になり、この〝階層ごとに必要なスキル〟を特定することにつながったため、その後の評価体系や教育体系の策定に役立ったということです。

斜に構えた態度は損をする

とはいえ社員の側も、研修に対する態度は考えたほうがいいでしょう。どんな内容の研修であっても、学ぶべきことは必ずあります。

会社の研修に対して斜に構えた態度をとっていると、自分自身が損をします。

社員研修における態度を見ているのは、人事や管理職だけではありません。企業の研修には、オブザーバーが出席する場合が多くあります。

オブザーバーとは、人事領域では、研修の開催責任者や事務局など、おもに研修の観察を目的として参加する人を指します。

外部企業に研修を依頼した場合は、提供会社の営業担当や開発スタッフも見ています。講師も当然、受講者の反応を気にしています。

「あの受講態度はひどかったよね」

社内外の人々からそんな発言をされてしまったら、当然、人事評価にマイナスの影響を与えます。

研修における態度を上司がわざわざ注意することはないかもしれませんが、人事は見ています。社員情報にも記載されます。上司が変わっても、人事担当者が変わっても、その情報は残り続けます。

そうしたマイナスの情報が、今後あなたの昇進のチャンスを妨げてしまう可能性があるのです。

「そんなことはわかっている」といった研修内容であっても、斜に構えず、わかっていない人に教える動きをしましょう。教えようとしてみたら、意外と理解できていない、なんてこともわかったりします。

会社の研修に意味がないと思うのなら、自ら意味のある研修を提案しましょう。学びたい知識や身につけたいスキルを人事に伝えましょう。

あなたが管理職だったら、人材育成やメンバーの能力開発を支援する具体的なプランを提示して、あるべき研修の姿を社内で検討しましょう。

そうした「行動」は、当然「評価」にプラスに働きます。些細なことに思われるかもしれませんが、社員研修は意外と重要です。

評価や給与を上げ、昇進するためには、さまざまな方法があるのです。

ココ！

上司は許しても人事は絶対に許さない！社内提出物の期限を破れば昇格・昇給はない！

「業績」と「提出物」、どちらが重要？

業績をあげているのに評価されない、給与が上がらない、昇進できない、そんな不満や悩みがある場合、自分では気がつかない原因があるものです。

そのひとつとして考えられるのが、「提出物」です。交通費や経費の精算、業務報告書、決裁書、請求書、タイムシート、年末調整申告書、自己申告制度など、会社にはさまざまな提出物があります。

「業績」と「提出物」、あなたはどちらが重要だと思いますか？

おそらく「業績」と考える人が大多数でしょう。本来の業務で多忙な日々を過ごす中で、交通費を精算したり、報告書を作成したり、すぐに必要とは思えないアンケートに記入したりするのは、面倒なだけの雑務に思えるかもしれません。

しかし、正解は「どちらも重要」です。業績をあげることと同じように、必要書類をきちんと提出することも、会社員にとってはとても重要なのです。

もし、あなたに以下の傾向があるのなら要注意です。

- 提出物の期限を守らない。
- 何度も催促されないと提出しない。
- 書類にいつも不備がある。

書類の提出を催促したり、領収書の金額や日付が違うなどの記入ミスを指摘して再提出を求めたりすると「こっちは忙しいんだよ！」「業績あげているんだから、いいだろう！」と逆ギレする人もいますが、これは最悪な態度といっていいでしょう。

なぜならこういう考え方と態度では、業績をあげても人事からの評価は下がり、給与も上がらず、昇進もできなくなってしまうからです。場合によっては、退職勧奨されるかもしれません。

上司は許しても、人事は許さない

提出物の期限を破る。何度言っても提出しない。提出しても間違いだらけ……。

こうした社員がいた場合、人事はまずその部署の部長に相談します。ただ直属の上司は「だけど業績あげているからなぁ」「大目に見てよ」と、かばうケースが多いので、そういう場合、人事は役員に相談します。役員の反応も鈍い場合は、社長にも報告します。

嫌な奴と思われるかもしれませんが、人事としては仕方がないことなのです。なぜ人事がそこまで必死になるのか、不思議に思う人もいるかもしれません。

それは、会社のルールを破り、他の社員に迷惑をかけているからです。

たとえば、交通費精算の提出期限を破られると、総務や経理の社員がその対応のために残業をしなければならなくなったりします。

提出書類に不備があれば、再提出を依頼しなければならず、処理にかかる手間や時間がさらに増えます。

また、請求書など他社に関わる書類の場合は、信用問題に発展することもあり、総務や経理といった管理部門の社員が連帯責任を取らされる場合もあります。

そのため管理部門では、提出物の期限遅延や書類の不備に対して非常にナーバスになっていることが多く、ストレスを抱えている社員も少なくありません。

人事は、社員全体のモチベーションを高めることが重要な仕事です。他の部署にストレスを与える、余計な残業をさせる、会社の信頼や経営にマイナスの影響を与えるなどの迷惑行為に対しては、厳しい措置を取らなくてはならないのです。

ルールを破る社員は、他部署からもブーイング

提出物の期限を破る、何度言っても提出しない、記入ミスが多い。こうした社員は、評価会議で必ず問題になります。たとえ人事が何も言わなくても、管理部門から「あの人どうにかなりませんか?」「すごく迷惑しています!」と大ブーイングが起きます。

さらに「うちは苦労して期限を守らせているのに、そっちはどうなっているんだ!」と、他の真面目にやっている部署からもクレームが出ます。

となると、成績優秀で上司からは高く評価されている社員であっても、上司もかばいきれなくなり、社長や役員からも是正するように要請が入り、厳しい評価

が下されるのです。

前項にも書きましたが、社員の評価は、業績だけで決まるわけではありません。「成果」と「行動」によって、総合的に判断されます。

業績がよければ「成果」の評価は高くなりますが、「行動」に問題があれば、全体的な評価は低くなります。「行動」を判断する基準は多岐にわたりますが、提出物の遅延や書類の不備は以下に該当します。

・会社のルールや規則を破る、約束・期限・時間を守らない
・人に対してストレスや不快感を与える
・謝らない、反省しない、自分の非を認めない
・周囲に協力せず、他者を助けない
・ケアレスミスが多い、現状を改善する工夫をしない
・状況を客観的にとらえず、主観的な理解にとどまっている

要は、自分のことしか考えていない、組織に不適格な人間と判断されるのです。

ココ！

「業務」と「ミッション」の違いが分からない社員は、人事から一生評価されない

頑張っているのに評価されないのはなぜか？

頑張っているのに評価されない、給与が上がらない、昇進できない。そういう人に多いのは、頑張り方がズレているケースです。

まずは自身のミッションを、改めて確認してみましょう。ここからすでにズレている人が多いのです。

会社や部署が求めていることと、自身が思っているミッションが違っていたら、

会社からは評価されません。

私はさまざまな企業の目標設定会議に参加させていただいているのですが、「あなたのメインミッションは何ですか?」と質問したときに、答えられない人がとても多くいます。管理職でも少なくありません。

例えば、経理の社員に「あなたのミッションは何ですか?」と質問すると「数字の管理です」と答える。それは「業務」であって、ミッションではありません。

ミッションとは、果たすべき使命です。

各企業には、会社、部署、個人としての、それぞれのミッションがあります。会社のミッションとは、その事業を通して何を成し遂げたいのか、社会に対してどのような価値を提供できるのか、自社の使命と存在価値を示すものです。

個人のミッションは、会社や部署のミッションを実現するために、自身の仕事を通して何を成し遂げたいのか、社会や会社に対してどのような価値を提供できるのか、自分の使命と存在価値を示すものです。

人事評価は、会社と部署のミッションに基づいた「個人の目標」を達成できたかどうかで判断されます。その目標に対する「成果」や「行動」が、評価基準になります。

そもそものミッションを正しく認識できていなければ、適切な目標設定ができません。

先ほどの経理の例でいえば、「数値をより迅速に確定させ、経営者が的確な経営判断を素早くできるようにする」「予算に対する実績を確認し、各事業の収益状況を示し、より的確な事業判断を促す」などが考えられます。

これらの「ミッション」を遂行するために、毎期の「目標」を設定されます。だからこそ、目標が間違っていたら、評価されないのはもちろん、昇給も昇進もできないのです。

できるだけ具体的な目標を設定する

目標設定をする際には、できるだけ具体的な目標を設定しましょう。例えば経理でいえば、以下のような目標をよく見かけます。

「経費計算のスケジュールを周知徹底する」
「決算仕分けのミスを極力なくすように努力する」
「新会計システムの導入を着実に実施する」

徹底する、努力する、着実に。実は、これらはすべてNGワードです。こうした曖昧な表現は、いってみれば「西をめざす」という目標です。

考えてみてください。「西をめざす」では、東京から静岡まで行けば評価してもらえるのか、名古屋まで行けばOKなのか、目標が曖昧で、達成基準の捉え方が人によって異なります。これでは目標を達成しても、適切な評価を受けられません。

目標は「1月23日18時に新大阪駅中央改札口に集合」といった、達成基準が誰の目にも明らかなものにしましょう。

目標が漠然としていると、上司の主観で判断されやすくなり、たとえ結果を出しても、評価されるとは限りません。

また、上司と部下でミッションの認識がズレている場合もあります。部長と課長、課長とメンバーでもズレている。目標設定会議をしていると、このようなケースが非常に多く見られます。上司とミッションの認識が異なっていたら、目標もズレたものになり、見当違いの努力をすることになりかねません。

自分の仕事を適切に評価してもらうためには、会社や部署、自身のミッションを改めて確認し、上司とベクトルを揃えた目標を設定することが大切です。

あなたの「お客様」は誰ですか？

ミッションや目標を設定する際には、自分の「お客様」は誰かを考えてみることも大事なポイントです。

あらゆる仕事は、顧客に価値を提供するために存在しています。自身の仕事における顧客とは誰なのか、どのような価値を提供すればいいのか、それを考えることが目標を明確にすることにつながります。

このような話をすると、経理や総務など管理部門の社員から「私たちの仕事にはお客様はいません」と言われることがあるのですが、**お客様とは「自分が価値を提供する相手」**です。それはエンドユーザーとは限りません。

経理や総務だったら、まずは経営者です。たとえば経理であれば、経営者に対して正確な数字を早く届ける。月次決算に7営業日かかっていたとしたら、それを5営業日に短縮できたら、それだけ早く経営判断ができますよね。

上場企業だったら、株主です。株主に対して適宜数字を出すことも経理として大事な仕事です。総務にしても、株主に情報提供をする仕事があります。

社員に対しても、どんな価値を提供できるのか考えてみましょう。たとえば経理だったら、社員が経費精算に労力を使わなくて済む仕組みを考えてあげる。

または、伝票を書いたり領収書の整理に時間を割かなくても済むようにして、より仕事に専念できる環境を整えてあげれば、会社全体の生産性が向上し、自身の価値も高められます。

どんな企業でも社員に求めていること

ミッションは企業によって異なりますが、会社が社員に求めていることは、どの企業でもほぼ共通しています。それは主に以下の2つです。

・生産性を上げる

・価値を高める

生産性を上げるために効率を高めれば、経費が削減され、利益につながります。価値を高めれば、売上につながります。個人の目標にすべきことも、この2つです。

頑張っても評価されない人は、この2つができていないことが圧倒的に多いのです。

自身のミッションを改めて確認し、適切な目標を設定しましょう。

日本では、人口減少・少子化が加速することはすでにわかっています。生産性を高めることは、今後は特に重視されていくはずです。

管理部門など、目標を数値化するのが難しいとされている分野もありますが、たとえば2人で行っていた仕事を1人でできるようになれば、生産性は2倍になります。

新しい仕組みを考えることができれば、会社の生産性も向上し、自身の価値も高めることができます。このような発想で、目標を見直してみましょう。

あなたのミッションは何ですか?
価値を提供する相手は誰ですか?

自身の仕事を振り返って、改めて問い直してみてください。

ココ！

会社が掲げる「企業理念」が、実は劇的に重要な理由

「あなたは何のために働いているのですか？」

あなたは、自分の会社の企業理念を知っていますか？　言えますか？

経営者が書いたビジネス書には、必ずといっていいほど「理念」の重要性について説かれています。しかし、なぜ理念が大事なのかを理解している人は少ないようです。

そもそも、自分の会社の企業理念さえ知らない、言えない人も多くいます。

私は「人事の学校」という人事担当者の養成講座で3000人以上のビジネスパーソンの指導をしているのですが、管理職や人事担当者であっても、自分の会社の理念を言えなかったり、あまり理解できていなかったりします。

理念とは何かというと、その会社が社会にどのような価値を提供しようとしているかを語っているもので、そこで働く人たちにとっては「働く目的」になるものです。

会議室に額に入れられて掛かっているだけのものではありません。

なぜその会社で働くのか、なぜその仕事をするのか、何のために売上をあげる必要があるのか、自分たちが働く目的を示したものが、その会社の企業理念です。

ところが、企業研修の場面などで「あなたは何のために働いているのですか?」と質問をすると、8割以上のビジネスパーソンが「生活のためです」と答えます。

新人やメンバークラスだけでなく、ほとんどの管理職がそう答えます。

「では、宝くじが当たって生活できるようになったら、会社は辞めますか？」と質問すると、やはり8割以上の人が「辞めます」と答えます。

たとえその場に社長がいても、躊躇《ちゅうちょ》なくそう答える人が多いのです。

ミッション・ビジョン・バリューとは？

企業理念は、一般的に「ミッション」「ビジョン」「バリュー」に分解されます。

ミッションとは、「使命」です。世の中にどのような価値を提供するのか、どのように貢献するのかという、その会社の使命を表すものです。

Googleであれば「世界中の情報を整理し、世界中の人がアクセスできて使えるようにすること」。Facebookなら「コミュニティづくりを応援し、人と人がより身近になる世界を実現すること」です。

ビジョンは、どうありたいか、どうなりたいかを示す「目標」や「方向性」です。

Yahoo!は「世界で一番、便利な国へ」というビジョンを掲げ、「買いたいものが、すぐ手に入る。知りたいことが、すぐわかる。世の中を便利にすればするほど、人はもっと自由に、人生はもっと豊かになる」と、会社が目指す具体的な方向を示しています。

バリューは、「価値観」「あり方」「姿勢」などを示す指針です。

メルカリは「新たな価値を生みだす世界的なマーケットプレイスを創る」というミッションを実現するために「Go Bold（大胆にやろう）」「All for One（全ては成功のために）」「Be a Pro（プロフェッショナルであれ）」という3つのバリューを大切にしています。

どの企業も、理念と商品やサービスが密接につながっており、ミッション・ビジョン・バリューの実現こそが、社員の働く目的になっています。

会社とは本来、理念を実現する場所

企業理念とは、その会社が世の中にどういう価値を提供するのかを示すものです。**会社とは本来、その価値を一緒に提供するために集まった人たちが、理念を実現していく場所のはずです。**

理念と働く目的がつながり、みんなが同じ方向を向いている組織は強いです。そういう会社で「働く目的は何ですか？」と質問すると、理念に関連する言葉が自然に出てきます。

社員みんなが理念に共感し「一緒に実現していこう！」という状態になると、働く目的が明確になるので、誰もが高いモチベーションを持つことができます。「何のためにこの仕事をやってるんだっけ？」「こんなことして意味あるんだっけ？」と悩んだりすることもなくなります。

働く目的が「生活」や「お金」のためだけだったら、仕事はつらいものにしかならないのではないでしょうか？

だからスターバックスでもディズニーランドでも、理念を浸透させる教育を徹底的に行っているのです。

理念を朝礼で唱和したり、クレドカードにして配っている会社もありますが、暗記するだけでは意味がありません。大切なのは、理念に共感し、自分自身の言葉で語れること。

そして「ああ、そのために私はこの会社で働いてるんだ！」と思えることです。

あなたは世の中に「何」を提供していますか？

自社の理念を腹落ちさせ、それを実現することが会社で認められる近道。そのように考える人もいますが、それは間違いではないにしても、私はもったいないように感じます。

なぜ理念が重要なのかというと、自分自身がやりがいを持って働けるようになるからです。どうせ仕事をするのなら、そのほうが楽しいと思いませんか？

管理職にとっては、会社が目指すものを自らの言葉で情熱的に語り、理念に伴った行動を浸透させていくことがリーダーとしての務めでもあります。

「なんで売上をあげなきゃいけないんですか？」と部下に聞かれたときに、「生活のため」「マンションのローンを払うため」と答えてしまう人がいますが、それでは「俺はあんたの生活のために働いているんじゃない！」と部下はやる気を失ってしまいます。

あらゆる仕事は、誰かに喜んでもらうために存在しているはずです。売上を伸ばすのは、自分たちの商品やサービスによって、より多くのお客様に喜んでいただくためです。

仕事を通じて、より多くの人を幸せにするためです。

こうした意識が浸透すると、組織の雰囲気が明るく変わります。社員の能力も業績も伸び、モチベーションの高い社員の定着率が高まり、外部からもよい人材が集まるようになります。

採用にまつわる悩みも解消され、雇用面でもプラスの好循環を生み出します。

・自分は世の中に「何」を提供しているのか。
・仕事を通じてどんな喜びを与えているのか。

あらためて自分に問いかけてみてください。それを自分の言葉で語れるようになったとき、決して大袈裟ではなく、あなたの人生が変わります。

第3章

人事が考えている社員評価の仕組みを知ろう

ココ！

「挨拶」を軽く見ていた社員が、人事から悲惨な評価を下された理由

毎朝ちゃんと挨拶していますか？

「高い業績をあげているのに、会社から評価されない」
「実力と給与が見合わない」
「自分ではなく○○が昇進するのが納得できない」

常にそんな悩みや不満がある人に、ぜひチェックしてほしいことがあります。

毎朝、職場のメンバーに「おはようございます」と明るくはっきりと声をかけていますか？　エレベーターや廊下で他部署の人に会ったら、爽《さわ》やかに「おつかれさまです」と言っていますか？　仕事が終わって帰る際、しっかりと「お先に失礼します」と声をかけていますか？

もし、ひとつでも「ＮＯ」があるようでしたら、それが評価や給与が上がらない理由かもしれません。

なぜなら、評価を左右する重要なポイントのひとつが、「挨拶」だからです。

「新人じゃあるまいし、馬鹿馬鹿しい！」

そう思う人もいるかもしれません。しかし、これは多くの会社における事実なのです。挨拶ができない人は、高い評価を得られません。評価が上がらなければ、給与も上がりません。

当然、昇進もできません。

逆にいうと、「挨拶」をきちんとすることで、評価を上げることは可能なのです。

経営者や役員も「挨拶」を重視している

社員の評価を決めるために、多くの会社では評価調整会議（通称「評価会議」）と呼ばれるミーティングを行っています。

経営者や役員、部長、人事などが集まり、社員の自己評価や上長の一次評価を精査し、評価の妥当性を検討したり、甘辛の調整を行ったりしているのです。

最近は評価の公正性を保つために外部のコンサルタントを交える企業も多く、私も、さまざまな企業の評価会議に出席させていただいています。

すると、多くの企業で、このようなやりとりが交わされています。

部長A：○○は、今期も目標達成率が140％。営業チーム全体でも前年の

１２０％。評価を『S』にして、部長に昇進させてもいいんじゃないですか」

部長B：「ちょっと待って。たしかに業績はあげているけど、アイツ、エレベーターで一緒になっても、挨拶しないよ」

人事C：「実は、同じフロアの誰にも挨拶しないと、他部署でも言われていましたね」

役員D：「そうなの？　それはまずいね」

部長B：「挨拶は、社会人の基本ですよね。それができない人間を部門の長にするのは、会社としてどうなんでしょうか？」

経営者：「ダメだね。それが本当なら、評価は『A』もつけられないな」

社員の評価は、業績だけで決まるわけでありません。基本的には「成果」と「行動」によって判断されます。

「成果」とは、会社の目標達成にどれだけ貢献したか。

「行動」とは、求められる行動をしっかり取っているか。

等級、役職、職種などによって求められる「行動」は異なりますが、挨拶は、あらゆる社員に求められる、社会人としての最低限のマナーです。

それができない社員は、当然「行動」の評価が低くなります。

また、経営者や役員など、社内で大きな影響力を持っている人ほど、業績だけではなく、「人としての在り方」を重要視しています。

新人ならまだしも、「挨拶をしない＝他者に敬意を払わない社員」に、人の上に立つ重要なポジションを任せたいと思うでしょうか？

「挨拶」をするかしないか。些細なことに思えるかもしれませんが、これはあなたの将来を決める、極めて重要な問題なのです。

「挨拶」は、ビジネスにおいても大きな影響を及ぼす

経営者や役員が「挨拶」を重視するのは、マナーの問題だけではありません。ビジネスに直接、大きな影響を与えることがあるからです。

ある企業では、社長の方針で「元気な挨拶」をすることを徹底しています。それは、創業してまだ間もない、資金繰りが苦しかった時代に「挨拶がいい、この会社は伸びる！」と、「元気な挨拶」を評価されて、銀行がお金を貸してくれたからだそうです。

会社を築いてきた経営者や役員は、多かれ少なかれ、そういう経験をしています。

「挨拶」は、企業の組織文化を判断される指標にもなるのです。社員に挨拶が浸透している会社かどうか、銀行、株主、取引先、顧客など、ステークホルダーも注目しています。

だからこそ「挨拶」は、評価の重要なポイントなのです。

日常の言動も、人事評価の対象となる

近年は、WEBやIT系の企業など「挨拶」をあまり重視しない会社も増えていると聞きます。そのため、すべての企業に共通するわけではありませんが、多くの企業では、新人クラスの評価基準に「マナー意識」という項目を設けています。

・礼儀正しい立ち居振る舞い
・清潔な身だしなみ
・きちんとした言葉遣い

これらの社会人としての基本的なマナーを身につけ、実践していることが、新人はもちろん、すべての社員に求められます。

当然、きちんと「挨拶」をすることは、「マナー意識」に含まれています。

こうした新人レベルの「行動」ができない社員に対しては、キャリアを重ねるごとに、どんどん厳しい目が向けられていきます。

人事は見ています。

同じ部署のメンバーだけでなく、他部署や取引先、派遣スタッフ、出入りの業者さん、ビルの管理人さんなど、あらゆる人々に対する日常の言動が、人事評価の対象になります。

自身の行動を振り返って思い当たる人は、意識して「挨拶」をしましょう。ただし、すぐに評価や給与に反映されることはないかもしれません。**しかし、社員の「変化」も人事は見ています。**

行動を変えることによって、あなたの将来は確実に変わります。

ココ！

「仕事の失敗」は人事評価にどのくらい影響するのか？

仕事における失敗には、大きく分けて3種類ある

仕事における失敗は、どのくらい人事評価に影響するのでしょうか？　ここでは、このテーマについて掘り下げてみたいと思います。

仕事の失敗には、大きく分けて3種類あります。「挑戦による失敗」「過失や怠慢《たいまん》によるミス」、そして「不慮の事故」です。

挑戦には、失敗がつきもの。挑戦による失敗が人事評価にマイナスの影響を与えることは、基本的にはありません。想定したリスクの範囲内であれば、むしろプラスに評価されます。

過失や怠慢によるミスは、当然、人事評価にマイナスの影響を与えます。それが重大なことであれば、懲戒《ちょうかい》処分の対象になることもあります。

不慮の事故については、十分に注意をしていたことであれば影響はあまりありませんが、予見できていたにもかかわらず放置していた、早く手を打てば防げた、などの場合については、人事評価においても、懲戒においても大きな影響を与えます。

また、職務上のミスによる懲戒処分には、７つの種類があります。処分の重さにはレベルがあり、以下のようになっています。

軽い
←訓戒《くんかい》
←譴責《けんせき》
←減給
←出勤停止
←降格
←諭旨《ゆし》退職・諭旨解雇
←懲戒解雇
重い

「訓戒」とは、口頭による注意。「譴責」とは、始末書を提出させたうえでの厳重注意（ただし始末書の提出は強制できないとされています）。「減給」とは、本来ならば支給されるべき賃金の一部が差し引かれること。

「減給」については、労働基準法第91条によって限度が決められており、「1回の額が平均賃金の1日分の半額を超え、総額が1賃金支払期における賃金の総額の10分の1を超えてはならない」とされています。

例えば、給料が30万円だったら、減給は3万円までと法律で決まっているのです。この減給処分までは、通常の評価が多少下がることはあっても、人事評価への影響はその評価期間に留まり、後々まではそれほど大きな影響はありません。

問題なのは、次の「出勤停止」以上の処分です。減給も重く感じるかもしれませんが、出勤停止はその比ではありません。

出勤停止は、昇給・昇格が停止、ボーナスも減額に

「出勤停止」とは、一定期間の出勤を禁止されること。これはかなり重い処分です。なぜなら出勤停止は「欠勤」扱いとなり、「労働契約不履行」にあたるからです。

会社員は、会社と労働契約を結んでいます。たとえば「週に5日、40時間働きます」という契約を結んでおり、この時間は労務の提供をしなければなりません。要は契約した日数や時間は働かなければならないのです。

出勤停止処分は「労務の提供」がその期間ありません。つまり「契約通り働かない」ということになるのです。

契約を破ると、どうなるのでしょうか。出勤停止が10日間だったら、会社は半月分の給料を払わなくてよくなります。月給30万円なら15万円。つまり半分に減ってしまいます。

それだけではありません。出勤停止は、契約通りの労務提供がなかったわけですから、たとえ1日でも人事評価に影響します。

例えば、標準評価がAだったら、B以下の評価に下がってしまいます。その結果、翌年の昇給が停止する、ということもあり得るのです。

多くの企業では、評価A以上が2~3年間というのが昇格要件になっています。B以下の評価に下がると、2~3年間は昇格が止まってしまうことまであります。

当然、賞与も減額されます。

給料が上がらない、昇格できない、ボーナスも下がる。しかも2~3年間は、その影響が残り続ける。履歴にも残るため、その後のキャリアにも大きな影響を与えます。

失敗にもさまざまなレベルがありますが、「重篤《じゅうとく》な過失」と呼ばれるような重大なミスを犯すと、「出勤停止」あるいはそれ以上の重い処分が下されるかもしれません。

「降格」は、役職・職位などが引き下げられます。「諭旨退職」は、会社が一方的に解雇するのではなく、会社と従業員の両者が話し合い、合意のうえで退職処分を決めること。

ただし、同意ができない場合は「諭旨解雇」となります。

「懲戒解雇」は、場合によっては解雇予告なしに（労働基準監督署の認定が必要）企業側が一方的に労働契約を解消する、最も重い処分です。

会社に対して故意に不利益を与えるような行為をした場合には、懲戒解雇、あるいは諭旨解雇という、極めて重い処分が下されると考えたほうがよいでしょう。

懲戒処分やその影響は、会社によって異なります。懲戒処分を発令せず内々に済ませ、でも評価に反映する、という会社もあります。

会社によって影響度合いは異なりますので、一例としてお伝えしましたが、いずれにしても重大な過失は人事評価に大きな影響を与えるということは知っておいてください（これは一例であって、すべての会社に当てはまるとは限りません）。

失敗は誰にでもあることですが、場合によっては取り返しのつかない事態に発展してしまうことがあります。

ミスが起こらない仕組みをつくり、常にチェックを怠らないなど、細心の注意を払い、重大な事故につながらないように、未然に手を打つことが必要です。

「挑戦」という言葉を鵜呑みにするのは危険

挑戦による失敗は、基本的には人事評価にマイナスの影響を与えることはありません。最初にこのように述べましたが、一概にそう言い切れないケースもあります。

それは、本音と建前が異なる場合があるからです。

どの会社でも経営者による年頭の挨拶などでは「変革が必要だ」「改革しよう」といった前向きな話をするものです。今のままでいいんだ、と言う人はまずいないでしょう。

変革や改革をするためには、これまでにない挑戦が必要です。本気でそれを推進している企業であれば、挑戦による失敗がマイナスの評価を受けることはないでしょう。

しかし、さまざまな企業でこんな話をよく聞きます。

「挑戦しろと言われたのに、失敗したらすごく怒られた」

「変革しろって言われたのに、それまでのやり方を変えたら評価が下がった」

そう、変革や改革というキーワードを使って話をしているだけで、実際にはそうではないケースがあるのです。

ですから「挑戦しろ」という会社の言葉を真に受けてしまうのは危険です。そういう場合には、挑戦による失敗が評価に重く響く場合があります。

とても残念なことですが……。

どこまでの失敗なら許されるのか事前に確認しておく

新しいアイデアを発案し、具現化しようとする創造的能力。現状をよりよく変えていく改善力。そして過去の否定もいとわず、新たな価値を生み、結果を出す変革力。

これらは、人事評価における重要なポイントでもあります。

事業をよりよくしていく挑戦は、積極的に行っていくべきでしょう。ただし、失敗した場合のリスクを想定しておくことが不可欠です。

「3000万円の投資をします。うまくいけば、それが1億円になります。ヘタするとなくなりますが、損失は投資した3000万円以内でおさえます」

新しい挑戦をする際には、このようにリスクや損失額を想定したプランを示して、どこまでの失敗なら許されるのか、事前に許容範囲を確認しましょう。

MBO（目標管理制度）を導入している会社では、通常の目標以外に「加点目標」を設けている場合があります。

これは自主的に取り組んだことを加点するだけで、減点はしないという、社員の育成を重視した目標設定の方法です。

こういう仕組みがあれば、社員も安心して新しい挑戦に取り組めます。

ですが、どの企業にもこのような制度があるわけではありません。勇気ある失敗を評価してくれる会社なのかどうか、それを見極めることも大切です。

仕事をしていれば、ミスは起こります。挑戦には、失敗がつきものです。だからこそ、どこまでのミスだったら大丈夫なのか。失敗した場合には、どれだけの損失があるのか。

これらのポイントも押さえて、日々の仕事に取り組んでいきましょう。

ココ!

リモート時代に「がんばり」は無意味。すべては「成果」で評価が決まる

「頑張りました」では、もはや評価されない時代に

リモートワークは、社員が働いている姿が見えません。プロセスが見えない以上、会社がより重視するようになるのは「成果」です。

ここでは、個人が成果を出し、より評価を上げていくための具体的な方法をお伝えしたいと思います。

成果を出し、高い評価を得る方法は、極めてシンプルです。前述のように、自身の「ミッション」を「○○を、より○○する」といったように明確にし、そのうえで自ら「目標」を立て、それを達成すること。

ここで重要なのは「目標」の「達成基準」を明確にすることです。

達成基準とは、何をしたらOKといえるのか、目標を達成したといえるのか、上司に対して、ハッキリとわかるように示すこと。これがより重要になってきます。

なぜなら「がんばりました」では、もはや評価されない時代になってきたからです。リモートワークで社員が働いている姿が見えない以上、会社は「成果」で評価するしかありません。

社員が提供する「成果」に対して、会社が対価として給料を払う。リモート時代における社員と会社の関係は、そんな「企業と顧客の関係」に近いものになっていくでしょう。

雇用契約とは本来「労務を提供して賃金を得る」というものですが、特に日本では、一緒に同じ場所で過ごした「時間」から生まれる「人間関係」や「がんばり」といったプラスα《アルファ》の、しかし曖昧な要素に対しても給与を払ってきました。

ですが、リモートワークが中心となるこれからの時代では、同じ場所と時間を共有することがなくなり、人間関係も希薄になっていくかもしれません。

頑張る姿も、直接目にすることはできません。会社（＝顧客）が求めるのは、「成果」に絞られていきます。

一般的な顧客との関係においても、お客様に対して「いやぁ、頑張ったんですけどね」などと言っても、商品やサービスに価値を認めてもらえなければ、お金を払ってもらえませんよね。

社員と会社の関係も、それと同じようになっていきます。社員と会社の関係は、よりシビアでドライな、本質的な雇用関係、いや「契約関係」に変化していくはずです。

目標は与えられるものでなく、自分自身でつくるもの

日本では、約8割の企業が「目標管理制度（MBO）」を導入しています。

これはもともと経営学者のピーター・ドラッカーが提唱したもので、上司から一方的に指示して業務を遂行させるのではなく、社員一人ひとりが組織の目標の達成について考え、自分で目標設定を行い、上司と相談したうえで実行し成果を出すという、「自身と組織の目標をリンクさせるマネジメント手法」です。

上から目標を与えるのではなく、個々が何をすべきかを考え、自分自身で目標を決めるので、社員も「やらされ感」がなく、意欲的に仕事に取り組め、かつ組織の成功にも貢献できる、とされています。

MBOは目標達成と人材育成が一体化した優れた人事制度ですが、残念ながらうまく運用できている会社は多くありません。そもそも上から目標を落としてい

るケースが多く、ドラッカーが提唱していた本来の考え方とは違ったものになってしまっているのが実情です。

しかし、リモート時代に必要になってくるのは、本来の意味での「目標管理(Management by Objectives and Self Control)」＝「目標と自己統制によるマネジメント」です。

「目標とは、与えられるものではなく、自分自身でつくるもの」

ドラッカーがそう提唱したのは１９５４年です。今から70年近くも前のことですが、当時も肉体労働から知的労働へと人々の「働き方」が大きく変わる時期でした。

今、私たちも「働き方」が大きく変化する時代の転換点に立っています。**「目標と自己統制によるマネジメント」という発想を改めて捉え直し、実行すべき時期が来たのだ**と思います。

目標設定に必要な「4つの視点」

では、どのように「目標」を明確化したらよいかというと、次の4つの視点が必要になります。

これらは「バランスド・スコアカード（Balanced Score Card/ＢＳＣ）」と呼ばれる業績評価の仕組みの視点です。

①財務の視点

お金の視点、要は最終的な「数字」です。営業であれば売上目標。総務や経理といった成果を数値化しにくい職種であっても、「業務効率化5％」「経費精算を中4日から中3日に」などと数値化し、成果を「見える化」することによって正当な評価（給与）を得やすくできます。

②顧客の視点

その数字を上げるために、顧客にどんな価値を提供するのか。顧客とは、いわゆるエンドユーザーだけではありません。お客様と接する機会のない職種であっても、仕事には必ず価値を提供している相手がいます。

経営者、役員、株主、上司、社員などを「お客様」として捉えることが重要です。そうした顧客に、どんな商品やサービス、あるいは仕事の成果といった価値を提供するのか。

顧客を明確化することは、目標設定をするうえで非常に大事なポイントです。

③プロセスの視点

顧客に価値を提供するために、どんな仕組みをつくって実現するのか。どのように効率化するのか。目標達成のための「プロセスの視点」も重要です。

顧客に安定的に価値を提供していくための仕組みや品質向上のための仕組みや取り組み、業務の効率化など、価値提供の仕組みの視点は、今年だけでなく、来年以降の財務的価値、顧客への提供価値を高めていくために大切なことです。

④人材の視点

上記のプロセスを行うためには、どんな能力が必要になるのか、その学習のために必要なものは何か、自身の成長ステップも明確にする必要があります。

管理職だったら、部下の育成もここに含まれます。目標達成をするうえで必要となる能力を明確化し、それを獲得する手段、あるいは育成する手段を明示しましょう。

目標を立体化させ、高い成果と評価を得る

以上の4つの視点に加え、今までやったことがない新たな取り組みをする「革新の視点」を加えることができたら、言うことはありません。

この4つ、ないし5つの視点を個人の目標設定に応用するのです。

1990年代のバブル崩壊後にも、現在と同じように「成果」を重視する、いわゆる成果主義がブームになりましたが、結果的には失敗に終わりました。

それは①の「財務の視点」しかなかったからです。数字だけを目標にしてしまうと短期的視点に陥りがちで、顧客への価値提供・プロセス・人材の育成といった、企業や個人にとって大事なものを失ってしまいます。

しかし、これら4つの視点をバランスよく持つことができれば、今期や今年度といった短期的な目標だけでなく、来年以降の価値提供も含めた長期的な成果を目標にすることができます。

これらすべてを満たす目標設定は、最初は困難かもしれません。しかし、このように自ら目標を立体的にし、上司に承認をもらって、達成のための計画を立てて実行し、高い成果と評価を得ることができれば、これまで以上の年収を得ることも可能でしょう。

リモートワークでは、上司によるマネジメントが徹底できなくなります。だからこそ、社員に必要になるのは「セルフマネジメント」なのです。

逆に言えば、**自ら目標を立て、実行し、成果を上げられる人にとっては、大きく飛躍できるチャンスなのです。**

リモート時代とは、ここで紹介した「4つの視点」で、目標設定を明確にして実行することこそが、ビジネスパーソンの価値となるのです。

ココ！

人事が査定する際、一番重要となるポイントは何か？

重視するのは「自責」と「他責」のバランス

「人事が社員を査定する際、一番重要なポイントはどこですか？」

こんな質問をいただきました。社員の評価は管理職の役割なので、人事が評価して給与を決めたりするわけではありません。ですが、気になることがあれば、もちろん提言したりはします。

人事評価のポイントは、社員の等級やポジションによって異なります。部長以上だったら、ビジョンと戦略をつくって実行しているか。課長だったら、課の目標を設定し、計画と進捗管理を適切に行い、業績をあげているか。また、人を育てているかを見ています。

ただ、ポジションを問わず、人事が重視しているのは、「自責」と「他責」のバランスです。経営や他部門、あるいは何に対しても、文句ばかり言っていて協力もしないでいる人には、人事は厳しい目を向けます。

建設的な批判や提言はいくらしてもいいと思いますが、何でも他人のせいにしたり、自部門のことしか考えていない人は、客観的に見て「ダメだよね」と判断します。

そういう人が高い評価を受けていたら「あの人、悪口しか言っていませんけど、いいんですか、そういう人を評価して」といった提言も人事からします。

仕事をしていたら、すべての物事がうまくいくわけがありません。その原因について自分のせいだと考えるのを「自責」、自分は悪くなく他人や環境のせいだと考えるのが「他責」です。

自責と他責でいえば、人事が高く評価するのは自責の人なのです。

他人を批判するなら、自分も振り返る

自分を客観的に見ることができて、自責で物事を考えられる。物を申すのだったら、ちゃんと覚悟を持った発言をして、言ったことに責任を持てる。立場を問わず、私たち人事はこういう社員を評価します。

物事がうまくいかなかったとき、他人のせいにして終わらせる人が多いのですが、人のことを言うのなら、自分自身も振り返る。「これだったら、こうしてほしい、なぜならば……」、というような建設的な議論ができる。自分の部署と相手の部署、両方よくなるにはどうしたらいいのか、ちゃんと話せる。

そういう「人間の基本」「社会人の基本」のようなものを人事は厳しく見ています。

ただ、100%自責だと、つらいですから、自責と他責のバランスは大事です。自分が変えられないものについては、変えられないからよしとする。自分が変えられることについては、自責でやる。

「自責70%、他責30%」
これくらいのバランスがちょうどいいのではないでしょうか。

何もかも自分のせいにする必要はありません。自分ができないことや、変えられないことに、責任を感じる必要もありません。「俺のせいじゃないから放っておこう」。ときには、それでいいと思います。

「でも、ここは自分で変えられることだから、自分ならどうしていくかを考えよう」

難しい交渉や要望をするときには、特にそういう姿勢が大事です。個人にしても、会社にしても、伸びているのは、それができる人たちです。

決まったことには、全面的に協力する

私のクライアント企業に、文句の多い部長さんがいます。人事施策などを決める会議をしていると、かなり細かい指摘をされるので、私もタジタジになることがあります。

しかし、この部長さんは、一度決まったことに対しては、いっさい文句を言わず、全面的に協力してくれます。

他の人が不満を述べたり、きちんとした行動をしていないと「こういう評価軸でやると決めたんだから、やらなきゃダメだろ！」と一喝し、全力で実行してくれます。

そして、次の施策を決める会議になったら、私たちの提案に対して、また多くのご指摘をされるのです。

私は、この方のようなバランスが理想的だと思います。たとえ自分が100％正しいと思っていないことであっても、やると決まったことに対しては、全力で取り組む。

自分で変えられる、変えるべき場面においては、「こうしたほうがいいんじゃないか」と、言うべきことは言って、変える努力を怠らない。

こうした姿勢が、社内の風通しをよくし、一致団結できる力強さを育むのであり、事業を成功へと導いていけるのだと思います。

言うべき場面と、やるべき場面を見極めよう

繰り返しますが、大切なのは「自責と他責のバランス」です。一般的には、自

責と他責だったら、自責のほうがいいと思われています。
もちろん100%自責の人と、100%他責の人がいたら、自責の人のほうがいいです。人事的にもそういう評価をします。

言うべき場面では何も言わず、やるべきことが決まってからブチブチ文句を言う。これは最悪です。それでは、周囲から信頼されませんし、評価もされません。けれど、100%自責だとつらいし、足も止まってしまいます。全部が自分のせいなんてことはあり得ません。

すなわち今、社会が大変なことになってしまっているのも、誰のせいでもないわけです。

100%自責にする必要はありません。建設的な批判をするなど、他責にして割り切ることも大事です。
「あの人は大丈夫」と多くの人から信頼されるのは、前述のように**「自責と他責を7：3」**くらいのバランスにできる人。

変えられる、変えるべき場面においては、きちんと言う。決まったことをやるときは、文句を言わない。

やるべきことは、ちゃんとやる。

そういう人は、人事に限らず、誰からも評価されるはずです。

実はこの「自責と他責」が「査定」に大きくかかわるので、そのバランスをよく考えながら、日々の仕事に励んでください。

ココ！

次はあなたがリストラ候補⁉「定期昇給」の給与の仕組みと落とし穴

給与が上がる仕組み、知っていますか？

あなたは自分の会社の「給与の仕組み」を知っていますか？
何をしたら、どれくらい給与が上がるのか？
そもそも、なぜ給与は毎年上がっていくのか？

昇給の具体的な仕組みを知っている人は、おそらくあまりいないと思います。

なぜなら、ほとんどの企業では「給与の仕組み」を公開していないからです。


給与が上がる仕組みにはいくつかの型があり、会社によってそれぞれ異なりますが、もしあなたの会社に「定期昇給」という仕組みがあるのなら、注意が必要です。

どんな注意が必要なのかというと、「リストラされる確率が高い」ということです。


定期昇給とは、成果や行動とは関係なく、勤続年数や年齢などによって、ある一定の期間ごとに自動的に給与が上がっていく仕組みです。

最近の日本の定期昇給率は、おおよそ2％程度。給与が20万円だとしたら、年に1回、あるいは年に2回といったペースで、4000円から5000円くらいずつ給料が上がっていきます。

「それって当たり前のことじゃないの？」

そう思う人も多いでしょう。事実、こうした年功序列型の賃金制度は昭和初期から存在し、戦後から高度成長期にかけて広く日本に定着してきました。

近年では「勤続年数」や「年齢」ではなく、「成果」や「行動」に対して給与を払う考え方が主流になってきましたが、今でもこの定期昇給を続けている会社は数多くあります。

しかし、昭和から平成、そして令和となった現在、時代は大きく変容しています。

定期昇給に安心している人は、気をつけてください。

この制度には、あなたの将来を決定的に左右する、危険な落とし穴があるのです。

入社7〜8年目がターニングポイント

定期昇給のある会社では、若年層においては大きな問題や個別の事故（勤怠異常等）がない限り、ほぼ一律に昇給します。ここでは給与にあまり大きな差はつきません。

その後、主任やチーフに昇格すると、誰が先に課長になるかなどで差がついてきます。ただし基本的には早いか遅いかの問題なので、一定の層まではほぼ一律に昇給します。

課長以上になると、トーナメント型になり、はじめて選抜が行われます。部長になれない課長層も出てきます。役員も同様です。

このような漠然とした昇給のイメージは、多くの人が認識しているでしょう。

問題はこうして昇給していった場合、勤続年数や年齢、あるいは自分のポジションと給与との間にギャップが生まれることです。

給与とは、社員が会社に提供した「価値」の対価です。月給20万円の人は月給20万円に見合った「価値＝働き」を、月給30万円の人は月給30万円に見合った「価値＝働き」を求められます。

例えば、入社1年目と2年目の社員では、入社2年目の社員のほうがより多くの「価値＝働き」を会社に提供できるでしょう。2年目と3年目でも、同様のはずです。だから給料が上がるのです。

しかし7年目と8年目に、明確な違いがあるでしょうか？　課長や主任といった管理職に昇進するなどして、マネジメントが主な業務となり、20代の頃とは明らかに違う「価値」を提供できているのならともかく、そうでない場合、どんどん高くなる給与と実際の業務が釣り合わなくなってきます。

モノの値段は、価値が上がらないと、上がりませんよね。会社員も同じです。

20万円の価値しか出していないのに、給料が30万円だったら、ダメなのです。

その先に何があるかというと、リストラです。

定期昇給の先には、リストラが待っている

年功序列型の「定期昇給」が日本に広く定着したのは、1950年代から1970年代にかけての高度成長期のことでした。

当時の日本人ビジネスマンの平均年齢は20代でしたが、2020年代の現在、その平均年齢は40代後半、ほぼ50代です。

「若い頃は給料が安くても、毎年上がって、年を取ったらたくさんもらえますからね」

こうした給与制度は、日本人がみな若く、経済が右肩上がりに成長している時

代だからこそ可能でした。

たとえ給与と価値が見合わない社員がいても、多くの会社には、そういう社員でも雇用し続けていくだけの余裕がありました。

今は、それから50年以上が過ぎています。超高齢化社会に突入し、経済も停滞している現在の日本では、こうした給与制度を維持するのは極めて困難です。

利益も売上も伸びていない会社が、高齢化していく社員の給与を一律に引き上げていったらどうなるでしょうか。当然、その会社は破綻《はたん》します。

となると、給与と価値にギャップのある社員に対しては、給与を下げるか、辞めてもらうしか選択肢がありません。

こうした場合、社員の「成果」と「行動」に対して給与を払う会社なら、提供された価値に見合った給与にすることが可能ですが、「勤続年数」や「年齢」に対して給与を払う「定期昇給」を採用している会社では、こうした対処ができません。

残る選択肢はひとつ、リストラです。これが定期昇給の怖さなのです。

ギアチェンジを繰り返し、給与とのギャップをなくす

では、リストラされないためには、どうしたらいいのでしょうか？　それは、自分が提供できる「価値」を増やしていくしかありません。

会社が社員に求めることは、経験や年齢、ポジションによって変化していきます。だから給与も違うのです。

例えば、新人に求められるのは、個人のＰＤＣＡサイクルを回すことです。段取りを組み、ミスなく実行し、品質をチェックし、納期を守り、よりよい改善をし、成果をあげる。

上司に指示されたことを抜け漏れなくできること、任された仕事を自己完遂できるようになることが求められます。

管理職に昇格すると、個人ではなく、組織のＰＤＣＡサイクルを回すことが求められるようになります。

計画を立案し、メンバーの進捗を管理し、マイルストーン（プロジェクトを完遂するために重要な中間目標地点のこと）を設定し、必要に応じてプランニング変更を行い、目標を達成する。

課長なら課全体の、部長なら部全体の、組織レベルのＰＤＣＡサイクルを回していくことに役割が変化するわけです。

こうした役割の変化を常に意識し、提供できる「価値」の量を増やしていかないと、給与とのギャップが年々広がっていき、ある日突然リストラを告げられてしまいます。

モノの値段が毎年上がることがないように、給与が毎年上がるのも、実は当たり前のことではないのです。

会社は社員に対して、成長と変化を求めています。**現状維持ではマイナス評価。**リストラ候補になってしまいます。

今の自分に求められていることは何か、給与に見合った価値とは何なのか。常にそれを意識して新たな目標を設定し、自身のギアチェンジを繰り返して仕事をしていきましょう。

第4章

人事が困っているのは　こんな社員だ

ココ！

人事のプロを困らせる〝痛い社員〟の実情と対処法

優秀な社員が次々に退社……、社内恋愛型モンスターに気をつけろ！

会社に不利益を与える社員＝「モンスター社員」が、多くの会社で問題になっています。私たち人事の間では「困った人」「困ったちゃん」などと呼ばれているのですが、ここではこうした困った社員の代表的なタイプをまとめてみました。問題のある社員には、どう接したらいいのか、また気づかないうちに自分もそうなっていないか、あなたもチェックしてみてください。

◆社内恋愛型モンスター

恋愛は自由です。プライベートな問題に会社は口を出すことはできません。それでも「ええ加減にせえや！」と言いたくなるのが社内恋愛型モンスターです。

これは社内の複数の人と関係を持ってしまう社員のこと。社内での優位な立場を利用して個人的関係を強要する、デートに誘うといった行為は、相手が不快に感じればセクハラに当たります。

本人が訴えてきた場合は、会社も然るべき対処を取ることができますが、合意のうえで関係が成立している場合は、なかなかセクハラにはできません。

ある会社では、優秀な女性が突然会社を辞めてしまったり、異動を申し出る女性社員が続出し、ある男性社員がその原因であることが判明しました。

要は、その男性社員が社内で複数の女性と関係を持っていたのです。この男性には妻子がいたので、関係を持った女性社員の一人がセクハラだと訴えたことで事態が発覚。懲戒処分と転勤させるといった対応をして、結局は退職になりました。

たとえ不倫であっても、本人が訴えてこない限り会社がとやかく言うことはできませんが、関係が破綻するとセクハラとして訴えられる場合があります。

不倫相手の夫や妻が会社に怒鳴りこんでくることもあり、こうした場合は「会社に迷惑をかけた」ということで一定の懲戒処分を行います。社内恋愛は個人の自由ですが、やはり節度を持って行うことが必要でしょう。

また、社内恋愛や不倫は周囲に知られていないと考えているのは本人たちだけで、周囲はだいたい知っているものです。

それが業務に悪影響を与えるようであれば、人事としてはしかるべき対応をします。

「また親が来た！」家族介入型モンスターは職場の大迷惑

◆家族介入型

これは、会社の問題に親が出てくる、若手に多いケースです。

「うちの子は残業が多いんじゃないですか」「うちの子の評価はどうなっているんですか」など、クレームの内容はさまざまですが、通常は「家族にはお話しできないこともありますので、本人と話をします。本人から話を聞いてください」と対応しています。

家族の介入を禁じる法律や就業規則はありませんが、**本人が「親が来るのを止められなかった」時点で、会社としては「仕事のできない社員」だと判断せざるを得ません。**

あまりにも親が何度も来て業務に支障をきたすようであれば、人事が注意を促し、場合によっては退職勧奨することもあります。

また、家族を理由に仕事をしない社員もいます。「妻が早く帰ってこいと言っているので残業はできません」「家族が出張しちゃいけないと言っています」といって上司の指示に従わないタイプのモンスター社員です。

上司には自らの職位・職能に応じて権限を発揮し、業務上の指揮監督や教育指導を行う権利と義務があります。

業務の適正な範囲で指示された残業や出張を拒むことは、就業規則に違反する行為です。節度を持った理由ならともかく、家族を理由に仕事しないことが常態化している社員には「あなたは会社の指示に従いませんでしたね」と言って「服務規律違反」で懲戒処分をすることもあり得ます。

遊びはできても、仕事はできない「新型うつ」

◆新型うつ

「うつ病」は脳の病気ですが、「新型うつ」は病気と言えるか微妙だそうです。状態はいろいろありますが、多くは「会社に行きたくない病」のようです。

病院で「うつ状態」「適応障害」などの診断書をもらってきて会社を休んでい

るのに、海外旅行に出かけて、その様子をＳＮＳに投稿したりしている、まさにモンスター社員の代表格です。

新型うつに困っている会社は、とても多いです。会社には来ないけれど、土日は遊べている。仕事はできないけれど、旅行はできる。そんな都合のいい病気があるでしょうか。

いろいろな事例があるので一概には言えませんが、多くの場合、新型うつは単なる「サボり病」と考えられてしまうような事例が多くあります

うつ病は薬物療法による治療で回復を期待できますが、新型うつの治療は難しいとされています。

しかし、適切な対処方法はあります。主治医の診断書、特に心療内科などではすぐに診断書を出してくれますから、それをそのまま真に受けず、会社が契約している産業医や信頼できるメンタル疾患に詳しいお医者さんで一回きちんと診断し直してもらいましょう。

休職している場合でも、遊びに行っている事実が確認できれば、虚偽の申告ということになります。

「遊ぶことができるなら、復職してください。復職できないのなら、お辞めになりますか、それとも雇用契約を変えますか」と伝えて、ただちに休職取り消しや退職勧奨などの処置を行うことも検討します。

ココ!

人事が判断する、中高年の「老害社員」と「経験値が高い社員」との決定的な違いとは?

「老害」とは、ひたすら「逃げ切り」を狙っている社員

「人事は『老害社員』と『経験値が高い社員』をどのように判断しているのか」ここでは、そんなテーマについて掘り下げたいと思います。

中高年の会社員の処遇は、日本企業が直面している大きな問題のひとつです。

私自身も、さまざまな会社から以下のような相談を受けることが増えてきました。

「仕事をしない年上の部下に困っています。注意しても聞いてくれないし、行動も変わらない。何を言っても響かないので、言うだけ無駄。暖簾《のれん》に腕押し、馬の耳に念仏なので疲れました。50代半ばを過ぎたら、定年まであとわずか。ひたすら逃げ切りを待っているだけです。こういう社員にはどう接したらいいのでしょうか？」

2019年11月、朝日新聞に掲載された「朝の妖精さん知ってますか」という記事も大きな反響を呼びました。妖精さんといっても、みんなから愛される可愛らしい存在ではありません。

朝はきっちり出社するけれど、いつの間にか姿が見えなくなっている。こうした定年間近のシニア社員を揶揄《やゆ》して呼んだもの。要は「働かない中高年」です。

これ以上頑張っても、もう出世はしないし、頑張ったところでさして変わりない。毎月給料をもらって、とにかく逃げ切って、まあまあ平和に暮らしていければいい。

私はこうした、ひたすら「逃げ切り」を狙っている中高年の社員が、まさに「老害」だと考えています。

人事もなかなか抜本的な手を打てないのが現状

一方で、団塊ジュニア世代のベテラン社員がいなくなることによって、スキルの継承がなされなくなり、組織の中でスキルが空洞化してしまう問題も起こっています。

「老害」と呼ばれるやる気のない人たちもいれば、現在なお成果を出し、かつ伝承すべきスキルを持った中高年の社員もいる。

後者のように、自分の強みを自覚し、技能や経験、人脈などの継承を積極的に行っている人が「老害」ではない「経験値が高い社員」です。

人事もそれはわかっていますから、経験値が高い社員には、専門職制度を設けたり、マイスターという称号を与えるなど、プロフェッショナルとして重用《ちょうよう》していく施策を行っています。

ですが「働かない中高年」に関しては、なかなか抜本的な手を打てないのが現状です。

なぜなら給料を多少下げても、そういう人たちは会社を辞めません。再就職するのは厳しいうえに、たとえできても給料が下がる。だったら「妖精さん」になって居座るしかない。

そのうえ、企業には定年後の再雇用が義務づけられています。現在50代の社員が定年になる頃には希望者全員が65歳まで働けるようになります。

政府は「人生100年時代」「1億総活躍」を提唱しており、2021年に

「70歳までの就業確保に関する努力義務」が企業に課せられました。いずれは70歳定年が義務化されるでしょう。

働く当事者にとっては必ずしも悪い話ではありませんが、企業にとっては深刻な問題です。高齢化した社員みんなに高額な給与を払い続けていったら、経営は破綻します。

給料を下げればやる気も下がり、さらに老害化が進みます。それでも20代の社員より給料が高いことが多いため、若手のモチベーションも下がります。社員全体の士気が下がれば、当然業績も悪化します。こうした負の連鎖がずっと続いていく可能性があるのです。

必要なのは「外に出ても通用する力」

中高年の問題は、20～30代の社員にとっても決して無関係ではありません。業績が悪化すれば、会社は人員削減に踏み切ります。さらに特に大手企業において、業績がよくても45歳以上の希望退職・早期退職を募る企業も増えてきました。

評価の低い社員に対しては、年齢に関係なく、退職勧奨を行う場合もあります。会社が求めているのは、どんな企業でも通用する人材です。

中高年の会社員は、今の会社で必要とされ続けるためにも、また転職という可能性のためにも、そして将来「老害」と呼ばれないためにも、「外に出ても通用する力」を身につけるしかないのです。

そして、そのために大事なことが2つあります。

ひとつは、普遍的なコンピテンシー（成果につながる行動）を獲得すること。30代であれば、目標が設定できて、計画立案ができて、進捗管理ができるようになること。

そういう**汎用的な力があれば、仕事が変わっても会社が変わっても、生きていけます。**もっといえば、会社に頼らなくても生きていけるようになります。

郵 便 は が き

1 5 0 8 7 0 1

料金受取人払郵便

渋谷局承認

9280

0 3 9

差出有効期間
2022年6月
30日まで

東京都渋谷区恵比寿4−20−3
恵比寿ガーデンプレイスタワー8F
恵比寿ガーデンプレイス郵便局
私書箱第5057号

株式会社アルファポリス
編集部 行

お名前
ご住所 〒 TEL

※ご記入頂いた個人情報は上記編集部からのお知らせ及びアンケートの集計目的以外には使用いたしません。

アルファポリス http://www.alphapolis.co.jp

ご愛読誠にありがとうございます。

読者カード

●ご購入作品名

●この本をどこでお知りになりましたか？

年齢　　歳　　　　性別　　男・女

ご職業　1.学生（大・高・中・小・その他）　2.会社員　3.公務員
4.教員　5.会社経営　6.自営業　7.主婦　8.その他（　　　）

●ご意見、ご感想などありましたら、是非お聞かせ下さい。

●ご感想を広告等、書籍のPRに使わせていただいてもよろしいですか？
※ご使用させて頂く場合は、文章を省略・編集させて頂くことがございます。
（実名で可・匿名で可・不可）

●ご協力ありがとうございました。今後の参考にさせていただきます。

私が2015年に上梓《じょうし》した、あらゆる企業に共通する45種類のコンピテンシーを紹介した『人事の超プロが明かす評価基準』（三笠書房）という書籍は、発売から6年以上が経った現在でも重版され続けており、人事の本としては異例のロングセラーになっています。

これは、こうした危機感を持ち、自身を成長させたいと願うビジネスパーソンがたくさんいることの証なのでしょう。

会社が求めることは、年齢とともに変化していきます。現在の自分が求められていること、これから求められることを認識するのは非常に大切です。

「今」をどう生きるかが、今後を大きく左右する

もうひとつは、自分は「何屋」なのかを見極めていくこと。自身の強みや専門性を明確にすることは、30代以降の会社員には特に重要になります。

営業なのか、経理なのか、もしくはマネジメントという汎用性の高いスキルに特化するのか……。自分は「何屋」なのか、自身の仕事を要素分解して考えてみましょう。

その際に重要なのは、「他社でも通用するのか」を基準にして自身を客観的に顧みることです。社外の人と交流を深めて他社の話を参考にする、副業を試してみる、他社の面接に応募してみるなど、自身の力を客観的に判断する方法はいくらでもあります。

そういった行動をすることが大切なのです。

他社でも通用する力があるなら、そのスキルをさらに磨いていく。通用しないと思ったら、今の会社で不足しているスキルを身につける。そうして今後の選択肢を増やしていくのです。

今の会社で上を目指す、転職する、起業する。どのような道を選ぶにせよ「今」をどう生きるかが、あなたの今後の人生を大きく左右します。

もちろん何かを始めるのに、遅すぎるということはありません。40代、50代でも、決して遅くはないのです。

私たちは70代まで働くことになるのかもしれません。この年代に学んだことは、たとえ50代になってゼロから何かを始めたとしても、その後の20年間を生きる術《すべ》になります。

「老害」と呼ばれている人たちは誤解しています。私たちは働くことから逃げ切るなんてできないのです。自分の将来について改めて考え、生きる力を身につけていきましょう。

中高年の会社員は、こうして会社の外に向けた「行動」がとても大切です。行動を起こすか起こさないか、それがあなたの将来を大きく左右します。

そして未来の選択肢も、自ずと変化してくるのです。

ココ!

人事のプロが教える——嫌な上司には「社内人脈」で対抗せよ!

イエスマンの管理職は、部下にとっては最悪の上司

最も上司にしたくないタイプの代表格といえば、イエスマンの管理職です。イエスマンの管理職は、部下にとって最悪の上司といってもいいでしょう。

イエスマンの管理職は、極端な言い方をすれば、自分の上司しか見ていません。部下のことはまるで眼中になく、上の言いなりになって、平気で部下に無茶振り

をしたりします。

自分が評価されるためだけに過酷な目標を与え、部下がどんなに苦しんでいても、何のフォローもしません。

保身のためなら、朝令暮改や責任回避は当たり前。トラブルが起きたら、その責任まで部下に押しつけます。頭にあるのは、上司に気に入られて、出世することだけ。

そんなイエスマンが上司になると、当然、部下は疲弊《ひへい》してしまいます。心身を病んでしまったり、上司に見切りをつけて、離職してしまう社員もいます。

私たち人事は、そうした社員をフォローしたり、その上司に進言したりもしますが、イエスマンは上しか見ていないので、部下の評判が悪くても気にせず、行動を変えません。

部下が上司を評価できる「360度評価」や「多面評価」といった制度がある会社では、イエスマン上司は部下からは最悪の評価を下され、それが人事評価にも反映されることもありますが、こうした制度がどの会社にもあるわけではありません。

イエスマンは上には絶対に逆らいませんから、社長が人事も兼ねているような中小企業やベンチャーでは、むしろ可愛がられて、そこそこ出世したりもします。

理不尽な話ですが、イエスマンが上司になってしまったら、それを嘆いていても仕方がありません。特に30代以上になったら、ダメな上司でも使いこなすスキルが必要です。

上から攻略すれば、イエスマンはコントロールできる

イエスマンは、そもそも自分の意思がありません。上から言われたことは100％鵜呑みにするので、接し方次第では実はコントロールしやすい便利な存在でもあるのです。

例えば、人事から伝えると思い通りに動いてくれない案件でも、上の人にお願いしてOKを取れば、イエスマンは絶対やってくれます。上から話を通しさえす

れば、イエスマンの管理職は意外と協力的だったりもするのです。

自分が実現したいことや、通したい案件があるときに、上司にダメと言われてあきらめてしまうようでは半人前です。上司にダメと言われたら、そのさらに上から攻めましょう。

課長がダメだと言っても、部長がＯＫと言えば、課長はイエスと言わざるを得ません。

ただし、イエスマンの上司に直接アプローチしてしまうと「なんで俺を通さないんだ」と機嫌を損ねたりします。

そういう場合は、上の上ではなく、斜め上の上司に相談するなど、社内の力学を読んで、上司に「イエス」と言わせる状況をつくっていくのです。

こうした根回しは、いやらしいことのように感じるかもしれませんが、ビジネスパーソンにとって、すごく大事なことです。「誰に言ったら、この人はイエスと言うのかな」といったことを常に見ておかないと、組織の中では本当にババを引いてしまいます。

会社で生き残るために必要なのは、上司に「イエス」と言って従うことだけではありません。上司に「イエス」と言わせる駆け引きを覚えることも、極めて重要なのです。

社内営業は必須スキル。キーマンは誰かを把握しよう

上司にイエスと言わせるには、そのさらに上のキーマンから攻略していく。これはイエスマン上司の説得に限った話ではありません。この図式は、あらゆる仕事に当てはまります。

自分がやりたいことを実現するためには、決定に影響を持っている社内外のキーパーソンを把握して、交流を深めることが大切です。

上司に直接言っても通らない案件を通すためには、誰に根回しをすればいいのかも知っておかなくてはなりません。

「俺は聞いていない」というだけで、反対する上司もいます。そこもキャッチしておいて、「今度この案件を通そうと思っているのですが、ご意見を伺いたくて……」と、事前にそういう人に声をかけておくと、スムーズに運ぶことがあります。これが「根回し」です。

社内外に幅広い人脈を持てると、案件を通す際の根回しや、企画実現の組織合意が得やすくなり、自分がやりたいことができる環境になっていきます。

では、どうしたら社内で人脈を広げることができるのでしょうか？

そこで大事なのが、社内営業です。「○○が言うなら間違いない」「○○のためならやってあげよう」と信頼してもらえる仲間を社内（外）に増やしていきましょう。

多くの人脈を築くには、相手のメリットになる情報を提供したり、仕事のお手伝いをしたり、人と人をつなぐ場を設けるなど、信頼を得る努力が不可欠です。

そこから人間関係を深めていき、いざというときに頼りにできる人間関係を築いていくのです。

また、自分自身もアピールして社内で認知されることも大切です。

そんなの実力と関係ないと思うかもしれませんが、案件を通すにせよ、昇進を目指すにせよ、同じ実力があった場合、社内での知名度が高いほうが圧倒的に有利です。

「ああ、あいつね」と他部署の人から広く知ってもらえる存在を目指しましょう。

人的ネットワークの構築は、昇進の重要ポイント

組織で昇進していくための評価基準のひとつに「人的ネットワーク」と呼ばれるコンピテンシー（成果につながる行動）があります。

・社内や顧客企業のキーパーソンや専門家を把握し、影響力を持っている

・根回しがうまく、多くの人の協力を得て、案件を通す
・社外の人的ネットワークを築いており、いろいろな人と人をつないでいる

人事評価では、これらの行動ができるかどうかが、昇進や昇給に大きく影響します。人的ネットワークを構築するには、できるだけ多くの人と出会う機会を増やして、そこから一見関係ない人と人を結びつけ、そのネットワークの中心にいることが必要です。

きっかけは、仕事でも趣味でも何でもいいのです。時間があったら社内をウロウロして、いろいろな部署に顔を出し「最近どうですか？」と話をする。タバコルームや給湯室などで他部署の上長や経営陣にも声をかけてみる。本社や支社に行ったりするときは、おみやげを持参して、お互いの現場のリアルな状況などを情報交換する。

こうした地道な社内営業が、社内外のネットワーク構築には不可欠です。

イエスマンは上司の言うことは何でも聞くので、上からは好かれます。しかし部下からは徹底的に嫌われるので、信頼を得られず、人望がありません。

こういう人材は、本当の意味で組織のトップに立つことはできません。イエスマンのように「上」を見るだけではなく、「下」「横」「斜め」と視野を広げてアンテナを張り、交流を深め、多面的に動く。それが、本当に仕事ができる人です。

上司に「イエス」と言うだけでなく、自分の提案に「イエス」と言ってくれる人たちを社内外に増やし、自分にとって働きやすい環境をつくる。

こうした行動が、結果的に昇進・昇給にも結びつき、自身の評価を高めていくことになるのです。

ココ！

人事が明かす、下に厳しく上にへりくだる「ヒラメ管理職」の撃退術

上しか見てない「ヒラメ管理職」は、会社にとってもリスク

下には厳しく、上にはへりくだる。

自分より立場が上の人には、ゴマをすったり、ご機嫌を伺っているけれど、部下の気持ちは一切考えない。

上しか見ていない、いわゆる「ヒラメ管理職」は嫌われる上司の典型ですが、私たち人事にとっても困った存在です。

ヒラメ管理職は、上には取り入って可愛がられたりしていますが、部下の評判は最悪。その部署だけ、人がどんどん辞めてしまったり、部署異動の希望者が多かったりします。

パワハラやセクハラを起こすのも、だいたいヒラメ管理職です。上しか見ていないので、下には平気で暴言を吐いたり、無茶な仕事を押しつけたりします。

ただ、パワハラやセクハラが発覚すれば、やっつける口実ができるので、人事としては懲戒処分などの対応ができます。

問題なのは、目に見えない部分でパワハラやセクハラをしたり、そんな上司に嫌気がさした社員が、会社を去ってしまうことです。

パワハラやセクハラは、会社が法的責任を問われる場合もあります。下に厳しく上にへりくだる社員は、会社にとってもリスクです。ここでは、そんな「ヒラメ管理職」を撃退する方法をお伝えします。

ヒラメ管理職をやっつける方法①「組織サーベイ」

ヒラメ管理職は、会社にとっても大きなリスクですから、人事は、かなり注意して見ています。

「うちの上司、なんとかしてくださいよ！」

そういう相談も受けますし、噂レベルの情報もたくさん入ってきますから、社内の誰が「ヒラメ」なのか、ほとんど把握しています。もちろん、なんとかしたいとも考えています。

ただ、ヒラメの上司に伝えても、「えっ、そうなの？」みたいな反応をされることが多く、あまり取り合ってもらえません。ヒラメは、上司からは「愛《う》いやつ」と可愛がられているので、まずはヒラメの上司に理解させることが重要です。

そこで有効なのが、「従業員満足度調査」などの組織サーベイです。組織サーベイとは、自社のパフォーマンスを向上させるために、現状の組織の問題点や改善点を把握し、適切な対処をするための調査のことをいいます。

例えば、社内アンケートを取れば、社員の率直な意見がわかります。ヒラメ管理職については当然、厳しい意見が集まります。


「まずいですよ。このままだと、この人に部下を預けられないですよ！」

「どうしますか？　部下がどんどん辞めちゃいますよ！」


と、そのアンケートをヒラメの上司に見せて伝えれば、さすがに理解してもらえることが多いです。

それでもダメな場合は、上司の上司や社長に相談することもできます。

また、ストレスチェックを使った組織サーベイも効果的です。ヒラメ管理職の部署は、部下のストレスが別格に高かったりするので、職場の雰囲気やマネジメントの実態がわかります。組織サーベイは、感染症対策やリモートワークによる職場のコミュニケーション不全やマネジメント不全の改善のために、今、非常に注目されています。

ヒラメ管理職をあぶり出し、やっつけるためにもおすすめです。

ヒラメ社員をやっつける方法②「360度評価」

ヒラメ管理職への対処法として、もうひとつ推奨したいのは、部下が上司を評価できる「360度評価」です。

360度評価とは、ある社員に対して、直属の上司だけでなく、同僚、部下、他部門の関係者など、さまざまな人が、あらゆる角度から人事評価を行う手法です。

ヒラメ管理職の場合は、直属の上司の評価だけが高く、部下からの評価は、総じて低くなります。下に厳しく上にへりくだるヒラメの実態が明確に「見える化」されるので、管理職として問題があることを白日のもとにさらすことができます。

この結果を、ヒラメの上司に見せれば「あなたは5点つけていますけど、他の人はみんな1点ですよ」「評価しているのは、あなただけですよ」と、ヒラメの上司にもプレッシャーをかけることができます。

実は360度評価の「本当の主役」はヒラメの「上司」なのです。ちゃんと見てないことが、如実に表れるからです。

この360度評価は、私の会社にも問い合わせが多く、たくさんの企業が導入しています。ヒラメ管理職の対処法としても大変有効な方法です。

怖いほうに立ち向かったほうが長い目で見たら得をする

下に厳しく、上にへりくだる。ヒラメ管理職はいつの時代もいますし、いなくなりません。会社に限らず、「客だから」「お金を払っているんだから」と言って、タクシーの運転手さんに厳しく当たる、飲食店でいばり散らすなど、立場の弱い人に対してひどい態度を取るような人は、そもそも人間としてダメでしょう。

本当に偉い人ほど、誰に対しても、きちんと挨拶するなど、公正な態度を取っているものです。そういう態度は、必ず誰かが見ています。上には厳しく、下には寛容に。目指すべきは、こちらでしょう。

怖いほうへ怖いほうへ立ち向かっていったほうが「あの人は、上に対しても、ちゃんとモノを言う人なんだ」と評価され、長い目で見たらトクです。

それで左遷されても責任は取れないので、あくまで私の個人的な意見ですが、上に意見して冷遇されるような会社なら、辞めたほうがいいです。ヒラメの温床になるような組織では、安心して働くことはできません。

世の中には、社長に逆らったとか、異議申し立てをした社員でも、クビにせず、逆に評価してくれる会社もたくさんあります。そういう会社を見つけましょう。

下に厳しく上にへりくだる社員は、どんな組織にも必ずいますが、周りもみんなわかっています。気づかないのは本人だけ。いつか必ず報いを受けます。

早急に解決したい場合は、人事に相談して、組織サーベイや360度評価を実施してもらい、事実を白日のもとにさらしましょう。それが、あなたのためにも会社のためにもなります。

ココ！

人事も頭を抱える、どの会社にも必ずいる「モンスター社員」！

ちゃんと働かない「勤怠不良型モンスター」、遅刻常習型は解雇になることも!!

会社に不利益を与える社員＝「モンスター社員」が、多くの会社で問題になっています。ここでは、前項に引き続き、こうした「頭が痛い社員」の代表的なタイプをまとめてみました。問題のある社員には、どう接したらいいのか、また気づかないうちに自分もそうなっていないか、あなたもチェックしてみてください。

まず挙げられるのは「勤怠不良型モンスター」。つまり、ちゃんと働かない社員です。これには大きく分けて2つあり、ひどい場合には解雇になるケースもあります。

■遅刻常習型

「たかが遅刻でモンスター？」。そう思う人もいるかもしれませんが、ご注意ください。会社は「遅刻の常習犯」を解雇することができるのです。

例えば、9時から18時まで働くことが決まっているのに、毎朝9時15分に来る。こういう社員は「労働契約不履行」に当たり、度重なれば解雇要件になります。会社は社員と労働契約を結んでおり、勤務時間も就業規則で定められています。遅刻は、この契約を破る行為になるわけです。

1回や2回の遅刻で解雇はされませんが、常習犯であれば、人事は厳しく当たります。

強く注意をし、改善を促し、それでも遅刻が減らないようならば「懲戒解雇」にもなり得ます。そして、その事実はあなたの経歴に残り続けます。

退社時間は18時なのに、17時半になるとトイレに行って帰ってこない。こうした社員に頭を痛めている会社もありますが、これも「労働契約不履行」です。「労働契約不履行」は、会社の罰則の中でも、特に重いもののひとつです。たかが遅刻などと思っていると、取り返しのつかない事態になることがあります。頻繁に遅刻している人は、十分注意してください。

「今日は休みます」は「有給」ではなく「欠勤」扱い。昇進・昇給の停止、賞与も減額になることも

■当日休みます型

「今日は頭が痛いので休みます」などと言って、当日に連絡してきて会社に行かない。病気でもないのに、いきなり会社を休む。こうした行動も要注意です。

年に数回程度であれば、さほど問題になりませんが、毎月のように繰り返すと、人事は「サボり」や「仮病」の疑惑を抱いて、マークするようになります。「有給にしてください」と言って休む人もいますが、当日連絡してきた場合は、原則として「有給休暇」にはなりません。

上司が許せば、当日の連絡でも有給休暇にしてもらえることもありますが、ほとんどの企業では「有給は前日までに申告」と就業規則で決められています。

有給休暇は、社員に与えられた正当な権利なので、取得理由を説明する必要はありません。ただし、会社には「時季変更権」という権利があって「この日は忙しいので別の日にしてほしい」と変更を促すことができるのです。

当日「今日休みたい」と突然言われては、時季の変更はできませんからね。

また、有給休暇ではなく「欠勤」扱いになると、重大な契約違反となります。なぜなら「欠勤」も「労働契約不履行」に当たるからです。

会社と労働契約を結んでいる以上、社員には定められた時間を働く義務があります。

例えば「週に5日、40時間働きます」といった契約をしているのに、その時間の労務提供がなければ、会社は「契約違反」と見なすことができるのです。

契約違反になると、人事評価は「標準以下」に下がり、昇給も昇進も停止。賞与も減額されることがあり、その状態が2〜3年間も続くことがあります。

病気で休むのは仕方のないことですが、単に「会社に行きたくない」という理由なら、昇進できず、給与も上がらず、ボーナスも減らされてしまう覚悟が必要です。

いきなり「休みます」と連絡する前に、そのリスクについてよく考えてみましょう。

そもそも正当な理由がない遅刻や欠勤は、周囲に迷惑をかける行為です。あなた自身が該当するなら、要注意です。

こうした社員に困っている人は、前述の措置を参考にしてみてください。

仕事をしない、仕事ができない、周囲に協力しない、こうしたモンスター社員の対処法とは？

■サボり型

そのものズバリですが、会社に来ても、仕事をしないモンスター社員です。デスクには座っているけれど、ネットサーフィンをしている。営業に行くといって会社を出て、パチンコをしたり、釣りをしたりしている……。

労働契約においての従業員には「誠実勤務義務」や「職務専念義務」がありま す。誠実に勤務することや、職務に専念することは、社員の義務なのです。サボりは、労働契約に違反する行為だと認識しておきましょう。

本人はバレないと思っていても「成果が出ていないのは、あいつがサボっているからさ」と、実は評価会議などで話題になっています。

目に余る場合は、人事が証拠を押さえに行きます。

「誠実勤務義務」や「職務専念義務」を違反した社員に対しては、解雇等の懲戒処分や、場合によっては損害賠償を請求することもあり得ます。

■生産性最悪型

サボってはいないけれど、パフォーマンスが低い、いわゆる仕事ができない社員です。

例えば、タイピングが遅くて、普通の社員なら10分でできる仕事に2時間かかるため、残業が多い。こういう社員の残業代に、頭を抱えている企業も少なくありません。

そもそも残業とは、会社が命じるものであって、本人の判断でやるものではありません。こうした社員には、仕事が途中であっても定時で帰ってもらって評価を下げる、あるいは、明らかにパフォーマンスが測れる部署に異動させるといった措置をとることが多いです。

そこでふるいにかけ、適切な評価を行い、処遇を決めることになります。

■協調できない型

周りに協力しない、周囲とうまくやれない社員です。これは人事としては「仲よくして」と言うしかありませんが、「あの人、困ります」とか「なんとかしてくれませんか」といったクレームがあまりにも多い場合は、異動を図るケースもあります。

また「それは私の仕事じゃありません！」などと主張して上司の指示を拒否するような社員には、「服務規律違反」が適用される場合もあります。

「服務規律」とは、就業規則で定められている行動規範。その行動が会社の秩序を乱していると判断された場合は、懲戒になるケースもあります。

不安定型、反抗型、自信過剰型、他責型、周囲が頭を抱えるモンスター社員

■不安定型

感情が不安定なモンスター社員です。「キレる人」と「落ち込む人」の2つのタイプがありますが、キレる人は周囲を委縮させ職場の雰囲気を悪くします。激しく落ち込んでしまうような人も、周りの人が遠慮して何も言えなくなり、業務に支障をきたすケースがあります。

どちらもストレスに弱いのでしょう。入社時にストレスチェックをする企業が増えたように、仕事には必ずストレスがあります。キレる人も落ち込む人も、通常の業務に支障をきたすほど不安定な言動が目立つ場合には、退職勧奨をせざるを得なくなる場合があります。

■反抗型

素直に応じない、周りの意見に従わないなど、何を言っても反抗する社員です。前述の「協調できない型」とも重なりますが、会社には「指示命令権」というものがあります。雇用契約には「会社の指示命令に対して従います」という内容が記されているのです。

これに反する行為は「服務規律違反」に当たり、会社は懲戒処分にすることができます。

■自信過剰型

自分の意見が通らないとスネる社員です。信念を持つことは大事ですが、周囲の意見をまったく受け入れないのは問題です。

上司に「言うだけムダ」と判断されてしまうと何のアドバイスもされなくなり、成長することもできません。若い人は特に注意する必要があります。

■他責型

「会社が悪い」「上司が悪い」「世の中が悪い」など、何でも他人のせいにする社員です。これは、経営者が最も嫌うタイプです。

まずは自分の責任という問題を考えてから、周囲とどううまくやるか、もし周囲に問題があるのなら、それを解決するのが仕事です。

自信過剰型や他責型の社員は、上司の正当な指示に従わない場合は、「指示命令権」を拒否したことで「服務規律違反」となり懲戒処分になる場合があります。

以上が、多くの会社で問題視されることが多い「頭の痛い社員」の代表例です。会社には、就業規則というものがあります。ルールに違反した社員は、懲戒処分にすることができるのです。モンスター社員に悩んでいる会社は、こうしたルールを味方にするのもひとつの方法です。

逆に、自身に該当する項目があった人は注意してください。普段何気なくやっている行動によって、仕事を失うこともあり得ます。

就業規則を熟読している人は少ないかもしれませんが、服務規律などについて詳しく書いてあります。今後のためにも改めて目を通しておきましょう。

第5章

「人事目線」を理解して飛躍する方法

ココ!

人事のプロから見た「ハラスメント」を防止する方法

パワハラの基準は「相手」のためか「自分」のためか

職場のハラスメントが、深刻な社会問題になっています。

2019年5月には、パワハラを防止するための「パワハラ防止法（改正労働施策総合推進法）」が成立。大企業では2020年6月1日から、中小企業では2022年4月1日から、パワハラ防止のための措置が義務づけられました。

これによって必要な措置を講じていない企業は、是正指導の対象となります。

そこでここでは、あなたがパワハラやセクハラの「加害者」にならないように、人事の立場から防止策をお伝えしたいと思います。

パワハラとは、ひと言でいうと「いじめ」です。

殴る蹴るなどの暴行を働く、暴言を吐く、無視をする、遂行不可能な業務を強制する、仕事を与えない、職場での優位な立場を利用してプライベートに立ち入る……。

パワハラにもさまざまなケースがあり、右記のような明らかにハラスメントに当たる行為ではなくても、部下を注意しただけでパワハラとして訴えられるケースもあります。

何がパワハラで、何がパワハラではないのか。そのように悩んでいる人も多いでしょう。

部下を育てるためには、ときには厳しく注意することも必要です。それが相手のためを思ってやっていることだと客観的に判断できれば、人事はパワハラとは考えません。

しかし「ストレスが溜まっていたから」「ムカついたから」など、自分のためだけに部下を叱責《しっせき》したり、同僚に悪意のある行動を取った場合には、パワハラと判断します。

相手のためか、自分のためか。

これがパワハラか、そうでないかの基準です。部下を叱ろうとするとき、同僚に言葉を発しようとするとき、一度立ち止まって、自分の心に問いかけてみてください。

「嫌い」という感情が生まれたら人事に相談

また、仕事における「行動」に対して指摘することは業務上の適切な範囲内といえますが、「人格」や「性格」など、本人の意思だけでは変えることが難しい部分を攻撃することも、パワハラと判断するケースが多いです、

パワハラは、感情によって起こります。誰かを「嫌い」という感情が、いじめを引き起こしてしまうのです。

人間である以上、「嫌い」という感情を持つのは仕方がないことです。私自身も誰かを嫌いになることはあります。それをなくすことは難しいでしょう。でもだからこそ、部下や同僚に対して「嫌い」という感情を持ってしまったときには、自分自身でセーブするしかありません。

嫌いな相手であっても感情を抑えて、公正な態度で接することができれば、パワハラに当たる行動や発言を防ぐことができます。
それができない場合には、人事に相談してください。

「自分はパワハラをしたくない。いじめもしたくない。でも、どうしても嫌いという感情が湧いてきてしまう。このままお互いが一緒にいるのはよくないから、異動なり、転勤なりをさせてもらえませんか?」

このように、自分の気持ちを正直に人事に打ち明けてみてください。今はパワハラに対する社会の目も厳しくなっています。
人事担当者も「そうはいっても仕事なんですから我慢してください」などと言ってしまったら、職場で何が起こるかわかりません。
真剣に受け止め、なんとしてでも対応してくれるはずです。

感情は、自分ではどうすることもできません。嫌いなものを「好きになりなさい」と言っても無理があります。

しかし、それによって誰かを傷つけてしまわないように、自分が「加害者」になってしまわないように、自らパワハラを防止する対策を講じていきましょう。

セクハラは「勘違い野郎」が引き起こす

一方、セクハラはほぼ「勘違い」が引き起こします。自分なら許されると勘違いした発言や行動がセクハラだと訴えられるケースがほとんどです。

セクハラは痛いです。就業規則上の懲戒処分の対象となり、職場での地位や信用を失うだけでなく、法的責任を問われる可能性も高いです。

パワハラはよっぽどひどくなかったら、ある程度の注意で済む場合も多いのですが、セクハラに関しては、人事もどうすることもできません。

なぜなら、セクハラには明確な基準がないからです。

相手が不快に感じる行為をしたこと。これがセクハラの定義とされていますが、「不快」に感じることは、人によって基準が異なります。

自分には性的な発言や行動をしているつもりは全然なくても、相手がそう感じたら、それはセクハラになるのです。

例えば、女性社員に「髪型を変えたね」「今日の服かわいいね」と声をかけただけでも、相手が不快に感じたら、それはセクハラに当たります。「〇〇ちゃん」と呼ぶだけでも、セクハラになるかもしれません。

それがどのような場面で起こるかというと、「自分はこの子と仲がいいんだ」「俺は好かれているんだ」「だから許されるんだ」という、間違った自己認識をしている場合です。

こうした「勘違い野郎」が、セクハラ事件を引き起こしてしまうのです。

セクハラは、行為そのものではなく、相手の感情や価値観が基準になります。Aさんが許されたことでも、Bさんがやったらセクハラになるのです。ですから、とにかく気をつけなければならないのです。

セクハラは「自衛」するしかない

あとは、単純に脇が甘いケースです。飲み会で卑猥《ひわい》な話をした、身体を触ったなど、時代錯誤もはなはだしい性的な言動で訴えられる人が今も少なくありません。

異性と2人で飲みに行くこと自体が、セクハラになる可能性大。そういう認識が必要です。

また、セクハラは男性だけとは限りません。
女性の上司が男性の部下に対して「付き合いなさいよ」と強引に交際を迫る、「あなた彼女はいるの？」としつこく聞く、お酌をさせるなど、数はそれほど多くありませんが、男性から女性がセクハラで訴えられるケースもあります。

セクハラの原因はほぼすべてが勘違いですから、女性社員にセクハラ教育をしている会社もあります。女性にあまり慣れていない男性社員が多い職場では、女性社員にボディタッチを禁止している会社もあります。

女性に慣れていない男性は、ちょっと親しくされただけでも「自分に特別な感情を持っている」と勘違いして、ストーカー行為などに走ったりしてしまうことがあります。

このように、最近はセクハラに対する教育を行う会社も増えてきましたが、残念ながら決定的な防止策がないのが現状です。

セクハラは、とにかく「自衛」するしかありません。自分は好かれている、自分なら許されるといった勘違いをしないように気をつける。職場では、あらゆる言動がセクハラになる可能性を考慮する。

特に異性と2人だけというシチュエーションは、「すべてがセクハラと言われる」ことを覚悟して臨んでください。すなわち、そういう場面はできるだけ避けましょう。

世知辛《せちがら》い話ではありますが、そのように心得てハラスメントを防止していきましょう。

パワハラやセクハラに対しては、より高い意識をもって業務にあたる。どうか、自分のためにも、これを徹底するように心掛けてください。

ココ!

リモート時代に求められるコミュニケーションスキルとは?

要注意！　Ｚｏｏｍやメールの対応が給与にも影響する

社内外のコミュニケーション手段として、メールに加え、チャットツールを導入する企業が増えています。Ｚｏｏｍやチャットは PＣやスマホを通じてリアルタイムのコミュニケーションを可能にするもので、「社内ＳＮＳ」とも呼ばれています。

形式的・一方通行になりがちなメールと異なり、Ｚｏｏｍやチャットは実際に会話するような感覚が特徴で、１対１だけでなく複数人でのコミュニケーションが可能です。プロジェクトや部署など、業務領域に応じたメンバーでグループを形成し、資料や画像、音声データなども共有でき、効率的に情報を共有し対話することができます。

リモートワークの普及にともない、こうしたツールの利用頻度も高くなり、上司や同僚、部下、あるいは取引先からと、頻繁にコミュニケーションする時代になりました。

しかし便利な反面、チャットの場合だと「すぐに大量のメッセージがたまる」「複数のツールをチェックする必要があり大変」「いつも即レスを求められているようで困る」と不満を感じている人も多いようで、「チャット疲れ」といった言葉も聞かれるようになっています。

リアルな職場においても、上司や同僚から「ちょっといい？」と声をかけられ、仕事を中断しなくてはいけない、集中力を阻害されるといった問題がありましたが、チャットによってその対象が広がり、ストレスに感じている人も数多くいることでしょう。

しかし、オンラインでのコミュニケーションは重要です。**今後はＺｏｏｍやチャットの内容が、給与や評価にまで大きく影響していくかもしれません。**

デキる社員＝コミュニケーションコストがかからない人材

リモートワークの浸透によって、人事評価のあり方も大きく変わろうとしています。これまでは上司と部下が職場で同じ時間と空間を共有していたので、

「あいつは一生懸命やっている」

「毎日遅くまで頑張っている」

といった印象評価のようなものが、実は人事評価に大きく影響していました。

しかし、リモートワークでは、このような社員の「がんばる姿」が見えにくくなるので、今後は「成果」がより重視されるようになるはずです。

この本でもお伝えしているように、自らＫＰＩ（重要業績評価指数）を設定して成果を出せる人が、リモート時代における「デキる人材」のひとつの基準になっていくでしょう。

そしてもうひとつ、今後より重視されるようになると考えられるのは、オンラインでのコミュニケーションスキルです。

部下に任せた仕事が要領を得ていなかった場合、これまでだったら、上司が手取り足取り教えていましたが、リモートワークではそうした方法が難しくなります。

そのため重要になるのは、Ｚｏｏｍやメールを効率よく使っていかに少ないやりとりで要領を得て成果を出せるかです。

マネジメントにも求められるオンラインでのコミュニケーションスキル

チャットやメールは、やりとりの回数が多くなるほど、相手の貴重な時間を奪っていきます。要領を得ない対応は「コミュニケーションスキルに難あり」と厳しい評価を下されるようになるでしょう。

コミュニケーションの問題は「部下→上司」というベクトルに限った話ではありません。「上司→部下」、すなわちマネジメントにおいても、リモートワークに適したコミュニケーションのあり方が問われていくはずです。

例えば、一般的に30代以上のチーフクラスと課長クラスの社員には、以下のような行動やコミュニケーションスキルが求められています。

【チーフクラス】
・顧客や上司、後輩の考えや想いを聴き、理解している受信力
・新たな企画をつくり、提案する発信力
・相手にこちらの考えを的確に伝える、企画提案力とプレゼンテーション力

【課長クラス】
・メンバーの考えや意見をよく聴き、理解を示し、信頼を得る傾聴力
・チーム運営を円滑に行うコミュニケーション力
・相談に乗り、明確な指示を出す人材育成力
・社内において他部門との有機的なつながりを持つ人的ネットワーク

こうした行動をメールやＺｏｏｍ、チャットを活用して、いかに要領よく行っていけるかが、リモート時代における重要な評価基準になっていくでしょう。

チーフクラス・課長クラスの評価アップのポイント

リモートワークの浸透、さらにリーマンショック時を超える戦後最悪ともいわれる不況によって、今後の日本は、成果主義と職務主義（ジョブ型）を導入する企業が増えていくはずです。それによって、以下のような変化が想定されます。

・給与は、年功ではなく時価払いに（今のパフォーマンスが今の給与に）
・給与ダウンは当たり前
・定期昇給は常識ではなくなる
・隙間役職はなくなる
・ポストがなければ年収は上がらない
・勤続、年齢、生活保障的要素はどんどん削られる

ただし、いずれにしても「成果」と「コミュニケーション」がより重視される

ようになることは間違いないでしょう。

チーフクラスや課長クラスの「成果」には、部下や後輩、メンバーの育成・指導が含まれ、それが給与や評価に反映されます。

チーフクラスは、後輩の育成計画づくりを行う。計画的な育成を行い、フォローする。一部育成責任を負う。

課長クラスは、チームメンバーの人材育成責任を負う。育成計画を立案し、指導・助言し、評価を適切に行い、気づきを与え、成長させる。

部下や後輩と直接コミュニケーションを取ることが難しくなってしまったこの時代において、Ｚｏｏｍやチャット、メールは重要なコミュニケーションツールです。

・伝えたいことを端的にメッセージできているのか

・そのメッセージは、部下や後輩の育成につながるのか
・気づきを与え、成長させることができているのか

また、上司をマネジメントする。自らが実現したいことを、上司を使って実現するための働きかけをすることも大事です。

日常のオンラインでのやりとりの際にも、ぜひこうしたことを意識してみてください。そのスキルが、あなた自身の価値を高めることになります。

ココ!

社長が人事を兼ねているベンチャーや中小企業で、陥りがちな間違った人事ジャッジ

社長の独断による抜擢は逆効果

ベンチャーや中小企業には「人事部」という部署がなく、社長が人事を兼ねていることがあります。大企業の人事はどちらかというとロジカルな世界で、仕組みも確立されていますが、小さな会社では社長が直感で人事に口を挟みがち、決めがちです。

ただ、これがすべて悪いわけではないですし、よい面もたくさんありますが、ここではそういう場合に陥りがちな、間違った人事ジャッジについてお伝えしたいと思います。

まずは「抜擢《ばってき》」です。社長は、目立つ社員、成果を出している社員がいたら、たとえ若手であっても部長などの要職に抜擢したりします。そうすれば、他の社員も「よし俺もがんばるぞ！」と奮い立つだろう、もっとがんばってくれるだろうと考えているのです。

しかし、これがかえって逆効果なことが多々あります。「なんであいつが⁉」「社長に気に入られているからねぇ」「もっと他に頑張っているやつがいるだろう！」と周囲から反感をかったり、嫉妬され、むしろ他の社員のモチベーションが下がってしまうケースがあります。

抜擢された若手自身も、仕事はできても、まだまだ人を育てられなかったりします。そのため余計に周囲の反発を招いて、本人も行き詰まってしまい、結果的に会社を去ってしまうことさえあります。

社長の独断だけによる抜擢は、失敗することが多いと言えます。気をつけてほしい人事ジャッジのひとつです。

エースで四番を管理職に

また、抜擢でよくあるのは、営業成績トップなどの「エースで四番」的な社員を管理職に登用することです。「エースで四番」を部長などに抜擢すると周囲も納得しやすいのですが、優秀なプレイヤーが優秀なマネージャーになれるとは限りません。

自分と同じ活躍を部下に要求して部下が疲弊する。あるいは、マネジメント力がないから本人が疲弊する。そんな悲劇が起こりがちです。

エースで四番はプレイヤーとしては優秀であっても、コーチや監督として優れているわけではありません。管理職にするなら、管理職としての教育が必要です。

また、管理職になってもプレイヤーとして仕事を続け、マネジメントをまったくしない。逆にマネジメントに専念することになったため、会社の売上が激減。そういうケースも多く、どちらの場合も会社にとってプラスになりません。

本人にとってもプレイヤーとしてずっと活躍できたほうが幸せだったりするのですが、中小企業やベンチャーでは、管理職にならないと給与が上がらないことが多く、エースで四番をきちんと処遇する制度がない場合も多くあります。

エースで四番を活かすには、マネージャーとプレイヤーを上下ではなく、並列の関係にすることも考えられます。「管理職になったら年収が上がる」という制度だけでなく、優秀なプレイヤーにも、同レベルの高待遇をする仕組みを考えるべきでしょう。

社長のマイブームに気をつけろ

また、オーナー社長にありがちな「マイブーム」にも要注意です。あるとき「こいつはいい」と思った社員がいると、いきなり重用する。重用して、重用して、ミッションを与えて、与えて、どこかで砕けると、突然「もういらない」と飽きてしまう。

好きになりすぎて、嫌いになってしまう。社長のマイブームにはそんな傾向があります。社長に評価されるのは大事なことですが、近づきすぎてしまうのは危険です。

社長のマイブームになって重用されたものの、最終的には飛ばされてしまった、会社を去ることになってしまった、私はそんな人をたくさん見てきました。

社長は、社内のことをいちばんわかっているようで、実はよくわかっていなかったりするものです。メンバー数名のベンチャーならともかく、80名を超えるぐらいの規模の組織になったら、社員一人ひとりをちゃんと見ることができるマネージャーが必要です。

部長が4名、課長が10名くらいいれば、組織はきれいにまわります。

逆にいえば、そういう管理職をしっかりつくらないと、組織は成長しません。

お金でモチベーションは買えません

もうひとつは、お金です。給料を上げれば、社員のモチベーションが上がる。そう考えている社長が少なくないのですが、お金でモチベーションは買えません。

決算賞与を50万円渡したら、社員がものすごく喜んだ。「社長ありがとうございます」というメールもたくさん来た。ところが、翌年も50万円あげたら、さして喜ばれずメールも来なかった。翌々年も50万円だと「少ない！」と文句を言う社員が出てきた。こういう話をよく聞きます。

ボーナス、昇給、インセンティブ、福利厚生……。社長は社員のやる気を高めるために、さまざまな施策を考えますが、お金でモチベーションが買えるのは最初だけ。

すぐに当たり前になり、翌年も同額だったりすると、かえってモチベーションが下がったり、不満を持ったりして、持続しません。

社員に適切な報酬を与えるのは大事なことですが、お金の使い方には気をつけなくてはいけません。

昇給についても「一度上げた給料は下げたくない」と考える社長が多いのですが、高齢化する社員の給料を一律に上げ続けていったら、どうなるでしょうか？

給与を上げるだけでなく、下げる仕組みも考えないと、経営は破綻します。実際それで立ち行かなくなっている企業がたくさんあります。

住宅手当や家族手当といった福利厚生も、社員のモチベーションを高める有効な施策になるとは限りません。手当は、もらえる人ともらえない人が出てくるため、これも不満の温床《おんしょう》になったりします。そのうえ、一度つけてしまうと外せなくなります。

お金にまつわる施策を打つときは、相当慎重に考える必要があります。

「社員の給料を上げるぞ。そうすれば、みんなもっとやる気になるだろう！」

「優秀なやつにはインセンティブも出すぞ！」

「住宅手当や家族手当もつければ、応募者がもっと増えるだろう！」

社長がそう言い出したときは要注意です。「社長ちょっと待ってください！」と止める勇気も必要です。

あなた自身が社長だったら、一度よく考えてみてください。

ココ！

人事がこっそり教える　リモート時代の「社内人脈」のつくり方

かつて喫煙所は、社内人脈の宝庫だった

仕事をするうえで、社内の人脈は広いほうがいいです。社内のキーパーソンとの人脈があれば、案件を通しやすく、やりたいことが実現しやすくなります。人的ネットワークを持っていることは、人事評価の対象にもなり、昇進や昇給にも影響します。ここでは、そんな「社内人脈」のつくり方についてお伝えします。

社内人脈の宝庫といえば、かつては喫煙所でした。喫煙所は、部署も立場も異なる、さまざまな人が集まります。職場を離れ、誰もがリラックスしているため、本音で話をしやすく、以下のようなメリットがありました。

・経営層や管理職ともざっくばらんに話ができる
・仕事以外の話でも意気投合しやすい
・他部署の人間の顔と名前を覚えられる
・本音の会話が多く、リアルな社内情報が得られる

「社内だけれども、仕事以外の話も意外とできる」という空間は、とても貴重でした。それによって、人間関係がより親密になれたからです。

「すべての物事は喫煙所で決まる」。昔はそう言われていましたが、今は喫煙所がない会社もありますし、大きなビルだと社外の人もいるスペースになっていた

りするので、あまり込み入った話はできなくなりました。

それに、年々喫煙者も少なくなっているため、現在ではオールマイティな人脈づくりができる場所とはいえなくなっています。

オンラインのコミュニケーションは、有効ではない⁉

喫煙所に代わるものといえば、社内のサークル活動など、趣味によるつながりでしょう。特に「ゴルフ」と「釣り」は凝っている経営者も多いので、どちらかを趣味にするのも、人脈づくりには有効です。

お金はかかりますが、ゴルフや釣りが好きな人は、いくらでも趣味の話ができます。そういう時間を一緒に過ごす努力も、無駄ではないと思います。

また、リモート時代の社内人脈のつくり方として、メールを送る際に多くのCCをつけ、幅広く情報を共有することによって、人とのつながりをつくっている人もいますが、私はこうした方法は推奨できません。

今は、コミュニケーションツールが氾濫しています。メール、LINE、Slack、Chatwork、Messenger……、毎日、膨大な情報が送られてきます。どの情報が大事で、どれがそうじゃないのか、チェックするだけでも大変です。

私自身は、CCやBCCのメールは、基本的に見ません。重要な情報は、必ず私自身に送られてくるはずだからです。

もっとも私のこうした態度は社内では不評で、よく怒られていますが、大きな組織のトップになればなるほど、送られてくる情報の量も半端ではないはずです。大量のメッセージの煩雑なやりとりに、うんざりしている人も多いでしょう。

オンラインのコミュニケーションは便利ですが、人脈づくりという意味では、それほど効果的とはいえないのではないでしょうか。

シンプルかつ最強の「社内人脈のつくり方」

では、最も効果的な社内人脈のつくり方は何かといえば、非常にオーソドックスな方法ですが、「評価」されることでしょう。これはどんな時代でも変わりません。

毎期の評価会議など、人事評価を決める場面には、社内のキーパーソンが一堂に会し、すべての社員の情報交換が行われています。

「こいつ、Sがついているけど、どういうヤツなの？」
「今、すごく伸びている若手なんですよ」
「へえ、気になるね。業務上のつながりも考えられるから今度声かけていい？（次の異動機会で狙ってみよう……）」

こんな会話が飛び交い、評価されている社員は、必ず話題になります。

高い評価を得ることで、社内で一躍注目される存在となり、他部門の管理職はもちろん、社長や経営層にも知ってもらえます。

また、社内で嫌がられているプロジェクトや委員会などに参加するのも、有効な方法です。誰も手をあげない企画や案件に手をあげれば、「あの人すごくやる気だね」「どんな人だろう?」と必ず注目され、社内で名前が知られます。

がんばって評価を上げる。これこそが最強の「社内人脈のつくり方」です。

挨拶するだけでも、実は人脈がつくれる

また、実はもっと簡単な方法もあります。それは「挨拶」をすることです。毎日気持ちのいい挨拶を心掛けるだけでも、社内で注目される存在になります。

なぜなら、企業のトップには、挨拶を重視する人が多くいるからです。

特に経営者には「俺は挨拶できないヤツを認めない」と公言している人が多く、どんなに成績が優秀でも、挨拶ができない社員は、決して重要なポジションにはつかせない企業も少なくありません。

「〇〇さん、おはようございます！」

毎日そう声をかけることで「あいつの挨拶、元気いいね」と目にとまり、次第に顔や名前を覚えてもらえるようになります。帰り際にひと言かけるだけでも全然違います。

社内人脈をつくるには、まずは自分を知ってもらうことが重要です。たとえ直接的なコミュニケーションではなくても、自分の存在を認識してもらえれば、思わぬチャンスに結びつくこともあります。

また、他部門の人に話を聞きに行くのも、効果的な方法です。何かのトピックがあったときに「とてもすごいと思いましたので、ぜひ話を聞かせてください」と言って時間を取ってもらうのです。そういう話をされたら、相手も悪い気はしないので、だいたい話をしてくれます。

自部門との関連がありそうなら、それは立派な仕事になります。そういう幅広いつながりをつくっていくのは、とてもよいことだと思います。

挨拶も、他部門の人から話を聞くことも、誰でもすぐできます。騙されたと思って、明日からやってみましょう。社内の人脈が、どんどん広がっていきます。

ココ!

「年収UPを目的にした転職」ほどダメなものはない

これ以下だと転職できないという年収水準はどのくらいですか?

私は仕事として企業人事を経験してきた中で、新卒採用だけでなく、中途採用も数多く経験してきました。自身も転職をしていますので、応募者としての立場も経験しています。

ビジネスパーソンが転職をする要因はさまざまです。キャリアアップ、自分のしたい仕事に就きたい、現在の会社の将来性が不安……、などが理由として多かったと思います。

しかし、中途採用担当者として、一番「どうなのかなぁ」と思っていたのは、「転職して年収をＵＰさせたい」という動機です。

そんな中で私は採用担当として面接するときに、中途採用の面接の場合は最後の方で「これ以下だと転職できないという年収水準はどのくらいですか」という質問を必ずしています。

「希望年収はどのくらいですか」という質問でもよいのですが、「希望年収」は「高い方がよい」に決まっていますので、その人のお金に対する考え方はよく見えません。

「これ以下だと厳しいという年収水準」を問うことで、その応募者が、自身の年収を「どのくらいが適正と思っているか」を確認することができるのです。

また、年収が下がってでもその会社に転職したい、その仕事がしたい、という志望の強さを見ることもできます。

そして同時に、その人の金銭的背景（教育費やローンなど）についても推察することができます。

年収ＵＰを目的にしている人には「黄色信号」

中途採用の面接の場で、現在の金額より高い年収を言ってくる人については、私は「黄色信号」を点滅させていました。

「現在の年収以上です」や、「せっかく転職するのですから、いまは８００万円ですが、１０００万円は欲しいですね」といった感じのことを言う人です。

「転職を志望された理由はどのようなことでしょう」ということは、その前段にも質問していますが、「年収のＵＰです」と言われると、私は「この人、大丈夫かな？」と思ってしまいます。

また、中には「家族を海外旅行に連れていくためには、今の年収だと足りません」とおっしゃる方もいらっしゃいました。

もちろん、採用担当者としても、その人の現在の年収が、「少ないな」と思っていれば、「年収UP」を「それはそうだろうな」と思います。

業種によっては、「え？　そんなに安いの？」という方も中にはいます。

しかし、多くの場合、「転職で年収UP」は危険だと思ってください。

お金は後からついてくるものであって、それを目的にすることは、極めて危ないことです。もし、その人の「実力以上」の年収になってしまったら、その後には、年収ダウンかリストラが待っているかもしれません。

もし複数の企業から内定を得て、「もっとも年収が高いところにしよう」と思ったとしても、「ほんとうにそれが正解か」と、疑ってかかってほしいのです。

「自分を最も高く評価してくれた」として高い年収提示をした会社を選ぶこともありますが、その会社の状況、そこでの仕事は本当にやりたいことなのか、責任や裁量の範囲などを確認せずに、「年収が高いから」だけで転職先を決めてしまったら、あなたがそこで価値を出せる仕事ができるかどうかはわかりません。

「せっかく転職するのだから……」というのも、本当によく聞きました。もちろん現在の会社が安定しており、リスクのある転職、そして規模の小さいベンチャー企業に転職しようというときであれば、「そのリスク分年収を積んで欲しい」というのもわからないではありません。

しかし、「せっかく」はその人の事情であって、採用側の企業の事情ではありません。

リスクを持ち出すのであれば、転職しない方がよいのではないかとも思います。

そして「せっかく」というのは、「転職＝年収ＵＰ」だと考えているから、出てくる言葉のような気もします。

また大企業から中堅・ベンチャー企業へ転職する方に、この傾向は多いように思います。

大企業は年収水準が高いので、同じ年収かそれ以上という希望は、中堅・ベンチャーには厳しいものです。

高い年収水準を維持したいのであれば、転職しない方がよいでしょう。ただ、黒字リストラも増えている昨今、その年収をずっと維持することは難しいかもしれません。

自身の適正な年収を言える人は高評価

その前提で、転職に際しては、自身の適正な年収を知っておくことが大切です。

ひとつの方法として、人材紹介会社に相談するのもいいでしょう。しかし、人材紹介会社は、「転職時提示年収×○%」という成功報酬型で収益を上げているので、「高く売った方が人材紹介会社は儲かる」わけで、「年収を下げましょう」

とはなかなか言わないものです。

自身の適正な年収はどのくらいなのか、という水準を自ら「値踏み」できる人は信頼できます。それはビジネスパーソンとしても優秀であることをある種意味します。

市場が見えている、自身の価値が見えているわけですから。

面接の際に、「今の年収はこれだけですが、自身で高いと思っています。ですので最低限これくらいであれば、ぜひ転職を考えたいです」と言う人もいます。正しく自身を「値踏み」できている、ということにおいて、こういう人は信頼できます。

場合によっては、そういう人には最低ラインに少し上積みして、オファーを出そうかな、と考えるぐらいです。

自身の適正な年収を把握しておこう

転職するにしてもそうでないにしても、自身の適正な年収水準を把握しておくことは大切です。「仮に転職してもこの水準は維持できるだろう」と思えることは、大きな安心感につながります。

そして、それによって「いつでも今の会社を辞められる」と思って働くことは、場合によっては、「言うべきことを言うべきタイミングで上司や経営陣に言える」ことにつながるかもしれません。

つまり、あなたの「強さ」につながるのです。その結果、逆に評価が上がるかもしれません（それで評価が下がるようなら、その会社は辞めればいいのです）。

私は人事部長時代、「いつでも辞めたるで！」と思って働いていた時期がありました。なので、社長とも喧嘩しましたし（寛大な社長に感謝しております）、相手が役員でも申し上げることは申し上げていました。

そして「辞めてもなんとかなる」という実感は、自身の安心感につながっていました。それが、それなりの実績をあげたことの大きな要因だったと思います。


自著である『人事の超プロが本音で明かすアフターコロナの年収基準』(アルファポリス)には、適正な年収を確認する指標を提示しています。

もちろん年収は地域・業種・企業規模などによって異なりますが、大まかな水準は確認できるでしょう。

そして、もし年収を上げるのならば、どのようなことが必要なのか、という指標にもなります。


これからのビジネスパーソンには、ぜひ自身の適正な年収を確認していただきたいのです。

そして、年収を目的とはせずに、本当にあなたがやりたい仕事、活躍できる環境を探すことを優先していただきたいと願っています。

おわりに

アルファポリスさんからお話をいただき、同社のビジネスＷＥＢ連載にて執筆を始めたのが２０１９年10月でした。以来、24回の連載予定が、予想以上の反響をいただいたことで36回まで増えました。

本書はその連載から反響が多かったものを中心に再編集したものです。

連載の反響の中には、「人事ってそんなに偉いのかよ」などというコメントをいただいたこともあります。ここをお借りしてお答えすれば、「いえいえ、まったく偉くはありません」です。「はじめに」でお伝えした通り、「会社と社員のベクトルを同一にしていく」ために、日々活動している、それだけなのです。偉くもなんともございません。

もちろん「人事部が強い会社」と「弱い会社」、そもそも「人事機能がないに等しい」会社もありますので、一概には言えませんが、いずれにせよ誰かが「会社と社員のベクトルを同一にしていく」ために活動をしているはずです。そういう機能なのです。

そして連載途中に、「コロナ禍」が起こりました。世の中が大きく揺れ動き、「人事」の領域においても、これまでになかった動きが見られています。「テレワーク」の進展は、従来の「人事管理」のあり方について大きな考え方の変革を求めていますし、「ジョブ型」というキーワードもマスコミを賑わせました。

その他にも「ワーケーション」「AI・RPA」「副業」「社員の業務委託化」「黒字リストラ」「コロナリストラ」など、人事を取りまく環境は大きく変わっていっているように見えます。この流れは、人事部が司るのは、雇用契約を結んだ社員・アルバイトさんだけではなく、業務委託契約で働く人、他社の社員で自社に副業で価値をもたらす人、そして「人」以外の「AI・RPA」という機械にまで広がっていくと私は考えています。

人事部は、この変化にいかに対応していくか、が求められています。

一方、社会に大きな変化が訪れると出てくるのが「人事部不要論」です。90年代後半のバブル崩壊後にも、人事部不要論が吹き荒れ、実際に「人事部を廃止しました」という会社もありました。

当時の人事担当者の多くが、異動で他部門に行ってしまいました。それまでは、よくも悪くも「人事のプロ」「人事畑」という人が多くいたのですが、この流れで一気に少なくなってしまったように思います。

そしてその後、日本の失われた20年、30年という時代があり、また社員の会社に対する信頼もどんどん失われていきました。

ある調査では諸外国の中での日本人の会社への信頼度は、ワースト1位ないしは2位になっています。

私は、これはある種の「人事の功罪」だと思っています。

ところがいつの間にか、「人事部を廃止しました」という会社において、ひっそりと「人事部」が復活しています。

従来の人事部とは違う機能を持っているかもしれませんが、いずれにせよ「人を見ている」部門としての人事部は、やはり必要だったようです。

ただし「人事部」は、この変化の時代に、従来の管理型から、より「企画型」に変化していかなければならないでしょう。


それでも「会社と社員（とは限らず、これからは、そこで働く人たち）のベクトルを同一にしていく」という機能は変わらずに必要です。それにより、人を成長させ、より価値を創出できるようにし、その結果、会社が社会に価値をもたらし、業績をあげ、社会を豊かにしていくことにつながるからです。


２０２１年から、70歳の就業確保が企業に努力義務として課されました。そう遠くない将来、これは「義務化」されるでしょう。

あらゆる年代、あらゆる雇用形態、契約形態の人たちに、有意義に働いてもらい、人生を豊かにしていただく、そのために人事部に求められることは多岐にわたります。

「人事部」を知っていただくこと、あるいは「人事」を考えてみていただくことは、皆さんのキャリアに資するものだと思っています。

ぜひこのエッセンスを活用し、価値ある働き方、キャリアアップを目指していただくことを願ってやみません。


最後に、本書の出版にあたり多くの方にご協力をいただきました。特に、編集・構成に力を貸していただいた谷田俊太郎さん、いつも私のあちこちに飛んでしまう話をうまくまとめていただきありがとうございます。

また、フォー・ノーツの社員やさまざまなヒントをいただける経営者や人事担当者の皆様に、こちらを借りて、感謝の意を表したいと思います。

そして、本書を手にしてくださいました読者の方々に心より御礼申し上げます。

令和3年9月　西尾　太

【著者紹介】

西尾 太（にしお ふとし）

人事コンサルタント。フォー・ノーツ株式会社代表取締役社長
「人事の学校」主宰

1965年、東京都生まれ。早稲田大学政治経済学部卒。いすゞ自動車労務部門、リクルート人材総合サービス部門を経て、カルチュア・コンビニエンス・クラブ（CCC）にて人事部長、クリーク・アンド・リバー社にて人事・総務部長を歴任。

これまで１万人超の採用面接、昇降格面接、管理職研修、階層別研修、また多数の企業の評価会議、目標設定会議に同席しアドバイスを行う。

汎用的でかつ普遍的な成果を生み出す欠かせない行動としてのコンピテンシーモデル「B-CAV45」と、パーソナリティからコンピテンシーの発揮を予見する「B-CAV test」を開発し、人事制度に活用されるキャリアステップに必要な要素を体系的に展開できる体制を確立。これまで多くの企業で展開されている。また2009年から続く「人事の学校」では、のべ5000人以上の人事担当者育成を行っている。

著書に『人事担当者が知っておきたい、10の基礎的知識。８つの心構え』（労務行政）、『人事の超プロが明かす評価基準』（三笠書房）、『プロの人事力』（労務行政）、『人事の超プロが本音で明かすアフターコロナの年収基準』（アルファポリス）、『超ジョブ型人事革命　自分のジョブディスクリプションを自分で書けない社員はいらない』（日経ＢＰ）などがある。

この作品に対する皆様のご意見・ご感想をお待ちしております。

おハガキ・お手紙は以下の宛先にお送りください。

【宛先】

〒150-6008 東京都渋谷区恵比寿 4-20-3 恵比寿ｶﾞｰﾃﾞﾝﾌﾟﾚｲｽﾀﾜｰ 8F
（株）アルファポリス　書籍感想係

メールフォームでのご意見・ご感想は右のＱＲコードから、
あるいは以下のワードで検索をかけてください。

アルファポリス　書籍の感想　検索

ご感想はこちらから

人事はあなたのココを見ている！

西尾　太 著

2021年 10月 29日初版発行

編　集－原　康明
編集長－太田鉄平
発行者－梶本雄介
発行所－株式会社アルファポリス
〒150-6008 東京都渋谷区恵比寿4-20-3 恵比寿ｶﾞｰﾃﾞﾝﾌﾟﾚｲｽﾀﾜｰ8F
TEL 03-6277-1601（営業）03-6277-1602（編集）
URL https://www.alphapolis.co.jp/
発売元－株式会社星雲社（共同出版社・流通責任出版社）
〒112-0005 東京都文京区水道1-3-30
TEL 03-3868-3275
装丁・中面デザイン－ansyyqdesign
編集協力・構成－谷田俊太郎
印刷－中央精版印刷株式会社

価格はカバーに表示されてあります。

落丁乱丁の場合はアルファポリスまでご連絡ください。

送料は小社負担でお取り替えします。

ISBN 978-4-434-29522-5 C0030